clara

Kurze lateinische Texte
Herausgegeben von Hubert Müller

Heft 27

Wir und die anderen Caesar und Tacitus über fremde Völker

Bearbeitet von Ursula Blank-Sangmeister

Mit 13 Abbildungen

Vandenhoeck & Ruprecht

Liebe Schülerin, lieber Schüler,

das Bild, das wir uns von fremden Völkern machen, prägt die Einstellung und das Verhalten, das wir diesen Menschen gegenüber zeigen. Je mehr wir von den anderen wissen, desto größer ist die Chance, uns eine möglichst realistische Meinung zu bilden, Vorurteile abzulegen und zu einem größeren Verständnis zu gelangen. Das Bild, das wir vom Anderen haben, hilft uns zudem, uns selbst zu definieren: Indem wir vergleichen, werden uns Ähnlichkeiten und Unterschiede bewusst, und wir können besser sagen, wer wir sind.

Auch römische Autoren haben sich mit fremden Völkern beschäftigt. In diesem Heft werden Sie erfahren, wie Caesar die von ihm bekriegten Gallier und Germanen gesehen hat und was Tacitus über die Germanen zu wissen glaubte. In einem Brief an seinen Bruder beschreibt Cicero sein Verhältnis zu den Griechen, und Columbus schildert viele Jahrhunderte später, wie er die von ihm entdeckten Eingeborenen erlebte.

Der zweite Teil dieses Heftes beschäftigt sich mit der Frage, ob und unter welchen Voraussetzungen es einen »gerechten Krieg« geben könne. Textzeugen hier sind Isidor von Sevilla (6. Jahrhundert n. Chr.), Cicero, der Kirchenvater Augustinus und der stoische Philosoph Seneca.

Um Ihnen die Arbeit mit den Texten zu erleichtern, sind wir folgendermaßen vorgegangen:

- Längere Sätze sind nach Sinneinheiten gesetzt.
- In der rechten Spalte sind die Vokabeln rot hervorgehoben, die zum Aufbauwortschatz gehören; außerdem die Wörter des Grundwortschatzes, die in *Lumina* oder in *Latinum, Ausgabe B*, nicht vorkommen. Die rot gedruckten Wörter sind als Lernvokabeln gedacht und werden nur bei ihrem ersten Vorkommen aufgeführt. Am Ende des Heftes sind sie noch einmal alphabetisch zusammengestellt.
- Fragen und Aufgaben helfen, die Texte zu erschließen und zu verstehen. Die Zusatztexte sollen in den Lesestücken aufgeworfene Probleme weiter vertiefen.

Nach der Beschäftigung mit den hier versammelten Materialien sollten Sie einen Eindruck davon haben, wie die römischen Autoren fremde Völker dargestellt und welche Absichten sie damit verbunden haben. Wenn Sie außerdem eine eigene, begründete Antwort auf die Frage »Gibt es einen gerechten Krieg?« geben können, hat dieses Heft sein Ziel erreicht.

ISBN 978-3-525-71729-5

Gestaltung: Markus Eidt, Göttingen
Satz und Lithos: Dörlemann, Lemförde / Druck und Bindung: Hubert & Co., Göttingen

Abbildungsnachweis: University of Texas Libraries: 5; Wikimedia Commons: 7, 21, 35, 37; Pavilion Books: 15; Sandra Bark, The Scenic Sidewalk: 39; akg-images: 9, 29, 41; digitalstock: 42.

Inhalt

[1] Die Quellentexte sind in der Regel gekürzt.

Die Gallier

1 Land und Leute

Gallia est omnis divisa in partes tres,
quarum unam incolunt Belgae,
aliam Aquitani,
tertiam, qui ipsorum lingua Celtae,
nostra Galli appellantur.
Hi omnes lingua, institutis, legibus
inter se differunt.
Gallos ab Aquitanis Garunna flumen,
a Belgis Matrona et Sequana dividit.

Horum omnium fortissimi sunt Belgae propterea,
quod a cultu atque humanitate provinciae
longissime absunt minimeque ad eos
mercatores commeant atque ea,
quae ad effeminandos animos pertinent,
important
proximique sunt Germanis,
qui trans Rhenum incolunt,
quibuscum continenter bellum gerunt.

Qua de causa Helvetii quoque reliquos Gallos
virtute praecedunt,
quod fere cottidianis proeliis
cum Germanis contendunt,
cum aut suis finibus eos prohibent
aut ipsi in eorum finibus bellum gerunt.

Gallia: Gallien
dīvidere, vīsī, vīsum: teilen, trennen
incolere, coluī, cultum: bewohnen; siedeln
Belgae, ārum *m. Pl.*: Belgier
Aquītānī, ōrum *m. Pl.*: Aquitaner
lingua: Sprache
Celtae, ārum *m. Pl.*: Kelten
Gallī, ōrum *m. Pl.*: Gallier
īnstitūtum: Einrichtung
differre, ferō, distulī, dīlātum: aufschieben; *im Präsens*: sich unterscheiden
Garunna: Garonne, *Fluss in Südwestfrankreich*
Mātrona: Marne, *Nebenfluss der Seine*
Sēquana: Seine, *Fluss in Frankreich*
propereā *Adv.*: deshalb
cultus, ūs *m.*: Lebensart; Pflege, Verehrung
hūmānitās, tātis *f.*: *hier*: Kultur
prōvinciae: *erg.* Rōmānae
minimē *Adv.*: am wenigsten, keineswegs
mercātor, ōris *m.*: Kaufmann
commeāre: *hier*: kommen
effēmināre: verweichlichen
pertinēre ad: *hier*: dienen zu
importāre: einführen
proximus: nächster
Germānī, ōrum *m. Pl.*: Germanen
trāns + *Akk.*: jenseits
Rhēnus: Rhein
continenter *Adv.*: ständig
Helvētiī, ōrum *m. Pl.*: Helvetier, *keltisches Volk in der heutigen Schweiz*
reliquus: übrig, restlich
praecēdere: übertreffen
cottīdiānus: täglich
prohibēre: fernhalten, hindern

1 Welche Völkerschaften sind in Gallien beheimatet? Notieren Sie die lateinischen Begriffe.
2 Erstellen Sie ein Satzbild für Z. 10–18.
3 Worauf führt Caesar die besondere Tapferkeit der Belgier zurück? Zitieren Sie lateinisch.
4 Welches Bild entwirft der Autor hier (a) von der (römischen) Provinz, (b) von den Germanen?
5 In seinem Werk *De bello Gallico*, dessen berühmter Anfang oben aufgeführt ist, stellt Caesar im Folgenden seinen (erfolgreichen) Krieg gegen die Helvetier dar: a) Wie schildert er die Helvetier? Zitieren Sie lateinisch. – b) Was will er mit dieser Schilderung vermutlich erreichen?
6 Was erwarten Sie von der Einleitung eines (Sach-)Buches? Wird Caesar Ihren Erwartungen gerecht? Inwiefern (nicht)?

Karte von Gallien und Germanien zur Zeit Cäsars.

2 Die Druiden

Teil 1

In omni Gallia eorum hominum,
qui aliquo sunt numero atque honore,
genera sunt duo.
Nam plebs paene servorum habetur loco,
quae nihil audet per se,
nulli adhibetur consilio.
Sed de his duobus generibus
alterum est druidum, alterum equitum.
Illi rebus divinis intersunt,
sacrificia publica ac privata procurant,
religiones interpretantur.

Gallia: Gallien
in aliquō numerō atque honōre esse: einiges Ansehen und einigen Einfluss haben
locō alicuius habērī: die Stelle einnehmen von
audēre: *hier*: unternehmen
adhibēre: anwenden, hinzuziehen
cōnsilium: *hier*: Versammlung
druidēs, um *m. Pl.*: Druiden
eques, equitis *m.*: Ritter
rēbus dīvīnīs interesse: den Dienst an den Göttern versehen
sacrificium: Opfer
ac: und
prīvātus: privat
prōcūrāre: besorgen, verwalten
religiōnēs, um *f. Pl.*: religiöse Vorschriften
interpretārī: erklären, deuten

Ad hos magnus adulescentium numerus
disciplinae causa concurrit
magnoque hi sunt apud eos in honore.
Nam fere de omnibus controversiis publicis privatisque
constituunt et,
si quod est facinus admissum,
si caedes facta,
si de hereditate, de finibus controversia est,
idem decernunt praemia poenasque constituunt.
Si qui aut privatus aut populus
eorum decreto non stetit,
sacrificiis interdicunt.
Haec poena apud eos est gravissima.

disciplīna: *hier*: Ausbildung
contrōversia: Streitigkeit
cōnstituere, stituī, stitūtum: festsetzen, beschließen
facinus, oris *n.*: Handlung, Untat
admittere, mīsī, missum: zulassen; begehen
hērēditās, tātis *f.*: Erbschaft
dēcernere, crēvī, crētum: entscheiden, beschließen
poena: Strafe
quī: ≈ aliquī
aliquī, aliqua(e), aliquod: irgendein
dēcrētum: Entscheidung, Beschluss
stāre + *Dat.*: sich fügen
interdīcere alicui reī: *hier*: ausschließen von

Hi (druides) certo anni tempore
in finibus Carnutum,
quae regio totius Galliae media habetur,
considunt in loco consecrato.
Huc omnes undique, qui controversias habent,
conveniunt eorumque decretis iudiciisque parent.

Disciplina in Britannia reperta
atque inde in Galliam translata existimatur,
et nunc (ii), qui diligentius eam rem cognoscere volunt,
plerumque illo discendi causa proficiscuntur.

Carnutēs, um *m. Pl.*: *keltisches Volk an der Loire*
regiō, ōnis *f.*: Gegend
cōnsīdere, sēdī, sessum: sich niederlassen
cōnsecrātus: geweiht, geheiligt
hūc *Adv.*: hierher, hierhin
undique *Adv.*: von allen Seiten
disciplīna: Lehre
Britannia: (Groß-)Britannien
reperīre, repperī, repertum: finden
inde *Adv.*: *hier*: von dort
trānsferre, ferō, tulī, lātum: hinübertragen
exīstimāre: glauben, meinen
dīligēns, ntis: sorgfältig, genau
plērumque *Adv.*: meistens
illō *Adv.*: dorthin
proficīscī, proficīscor, profectus sum: sich aufmachen, aufbrechen

1 (a) Von welchen gallischen Bevölkerungsgruppen ist in Z. 1–11 die Rede? Geben Sie die lateinischen Bezeichnungen an. – (b) Wie ist ihre jeweilige gesellschaftliche Stellung?
2 Welche Aufgaben haben die Druiden? Zitieren Sie lateinisch.
3 Bewerten Sie die Position der Druiden. Belegen Sie Ihre Aussage anhand des Textes.
4 Vergleichen Sie die Darstellung der Druiden bei Asterix. Scheint sie Ihnen realistisch?
5 Informieren Sie sich mithilfe des Internets über die verschiedenen Theorien über die Bedeutung von Stonehenge und bereiten Sie ein Kurzreferat vor.

Stonehenge in Wiltshire, England.

Teil 2

Druides a bello abesse consuerunt
neque tributa una cum reliquis pendunt.

Militiae vacationem
omniumque rerum habent immunitatem.
Tantis excitati praemiis
et sua sponte multi in disciplinam conveniunt
et a parentibus propinquisque mittuntur.
Magnum ibi numerum versuum ediscere dicuntur.

Itaque annos nonnulli vicenos
in disciplina permanent.
Neque fas esse existimant ea litteris mandare,
cum in reliquis fere rebus,
publicis privatisque rationibus,
Graecis utuntur litteris.

Id mihi duabus de causis instituisse videntur,
quod neque in vulgum disciplinam efferri velint
neque eos, qui discunt, litteris confisos
minus memoriae studere,
quod fere plerisque accidit,
ut praesidio litterarum
diligentiam in perdiscendo ac memoriam remittant.

cōnsuēscere, suēvī, suētum: sich gewöhnen, *Perf.* gewohnt sein
tribūtum: Abgabe, Steuer
ūnā *Adv.*: zusammen, gemeinsam
pendere, pependī, pēnsum: abwägen, bezahlen
mīlitia: Kriegsdienst
vacātiō, ōnis *f.*: Befreiung
immūnitās, tātis *f.*: Freisein, Befreiung
excitāre: auf-, anregen
suā sponte: aus eigenem Antrieb
parentēs, um *m. Pl.*: Eltern
propinquus: benachbart; verwandt
mittere, mīsī, missum: schicken
versus, ūs *m.*: Vers
ēdiscere: auswendig lernen
vīcēnī, ae, a: (je) zwanzig
permanēre, mānsi, mānsum: bleiben
fās *undeklinierbar*: göttliches Gebot, Recht; rechtens
ea: *ihre Lehren*
litterīs mandāre: schriftlich festhalten
cum + *Ind.*: *hier*: während
ratiō, ōnis *f.*: *hier*: Angelegenheit
Graecus: griechisch
īnstituere, stituī, stitūtum: einrichten; anordnen
vulgus, ī *n.*: Menge, Volk
efferre, ferō, tulī, lātum: hinaustragen
cōnfīdere, fīdō, fīsus sum: vertrauen
studēre + *Dat.*: sich bemühen um
plērīque, plēraeque, plēraque: die meisten
accidit, accidit: es ereignet sich, passiert
praesidium: Schutz
dīligentia: Sorgfalt
perdiscere: gründlich/auswendig lernen
remittere aliquid: nachlassen in

In primis hoc volunt persuadere non interire animas, sed ab aliis post mortem transire ad alios, atque (homines) hoc maxime ad virtutem excitari putant metu mortis neglecto.

Multa praeterea de sideribus atque eorum motu, de mundi ac terrarum magnitudine, de rerum natura, de deorum immortalium vi ac potestate disputant et iuventuti tradunt.

in prīmīs: vor allem
persuādēre, suāsī, suāsum: überreden; überzeugen
interīre, eō, iī, itum: untergehen
maximē *Adv.*: am meisten, besonders
neglegere, lēxī, lēctum: vernachlässigen; missachten
praetereā *Adv.*: außerdem
sīdus, sīderis *n.*: Stern(bild)
mōtus, ūs *m.*: Bewegung
mundus: Welt, Weltall
māgnitūdō, dinis *f.*: Größe
disputāre: diskutieren
iuventūs, tūtis *f.*: Jugend
trādere, didī, ditum: übergeben, überliefern

Merlin, der bekannteste aller sagenhaften Druiden, beim Diktieren seiner Gedichte. Französische Buchmalerei aus dem 13. Jahrhundert. Laut dem mittelalterlichen Gelehrten Geoffrey von Monmouth, der im 12. Jahrhundert eine *Vita Merlini* verfasste, ist Stonehenge durch Merlins Zauberkräfte entstanden.

1 Warum begeben sich so viele junge Männer zu den Druiden in die Lehre? Nennen Sie die zentralen lateinischen Begriffe.

2 (a) Worin besteht diese Ausbildung und wie wird diese Art der Ausbildung vom Autor des Textes begründet (Z. 8–21)? – (b) Nehmen Sie Stellung.

3 Welche Inhalte werden in der Ausbildung vermittelt? Zitieren Sie lateinisch.

4 (a) Beschreiben Sie: Was ist ein Druide? Berücksichtigen Sie dabei auch Text 1, Teil 1. – (b) Was besagt die Existenz von Druiden über die Gallier?

3 Die Religion der Gallier

Teil 1

Natio est omnis Gallorum
admodum dedita religionibus
atque ob eam causam
(ii), qui sunt affecti gravioribus morbis
quique in proeliis periculisque versantur,
aut pro victimis homines immolant
aut se (homines) immolaturos vovent
administrisque ad ea sacrificia druidibus utuntur,
quod pro vita hominis,
nisi hominis vita reddatur,
non posse deorum immortalium numen placari
arbitrantur,
publiceque eiusdem generis habent
instituta sacrificia.
Supplicia eorum,
qui in furto aut latrocinio aut aliqua noxia
sint comprehensi,
gratiora deis immortalibus esse arbitrantur.
Sed cum eius generis (hominum) copia deficit,
etiam ad innocentium supplicia descendunt.

nātiō, ōnis *f.*: Volk(sstamm)
adeō *Adv.*: (so) sehr
dēditus religiōnibus: religiös
morbus: Krankheit
versārī: sich aufhalten, sich befinden
prō + *Abl.*: *hier*: anstelle von
victima: Opfertier
immolāre: opfern
vovēre, vōvī, vōtum: (einem Gott) geloben
administer, trī *m.*: Diener, Gehilfe

nūmen, minis *n.*: Wille, Macht, Gottheit
plācāre: besänftigen
arbitrārī: meinen
pūblicē: *hier*: von Staats wegen
supplicium: Todesstrafe, Hinrichtung
fūrtum: Diebstahl
latrōcinium: Raub
noxia: Vergehen, Verbrechen
sint comprehēnsī: *Übersetzen Sie mit dem Indikativ; zu den Formen des Konj. Perf., s. S. 23*
comprehendere, prehendī, prehēnsum: ergreifen
grātus: angenehm, willkommen
dēficere, ficiō, fēcī, fectum: abnehmen, fehlen
innocēns, ntis: unschuldig
dēscendere ad: schreiten zu

1 Erstellen Sie ein Satzbild für Z. 1–14.

2 (a) Was haben die in Z. 4 f. genannten Personen gemeinsam? – (b) Wie reagieren sie auf ihre Situation und warum? Zitieren Sie lateinisch. – (c) Nehmen Sie Stellung zu Z. 9–12.

3 Welchen Menschen droht bei den Galliern die Todesstrafe? Nennen Sie die lateinischen Begriffe.

4 Welche Einstellung hat der Autor des Textes zu den hier beschriebenen Praktiken?

5 Informieren Sie sich: Welche Art von Opfern haben die Römer ihren Göttern dargebracht? Bereiten Sie ein Kurzreferat vor.

Gaius Iulius Caesar

Zu den wichtigsten Persönlichkeiten des ersten vorchristlichen Jahrhunderts gehört der im Jahre 100 v.Chr. geborene Gaius Iulius Caesar, von dem man mit Recht sagen kann, dass er »Geschichte gemacht« hat. Er entstammte einer hochadeligen Familie, die ihren Ursprung bis auf Aeneas, den Stammvater der Römer, und über ihn bis auf die Göttin Venus zurückführte. Nach standesgemäßer Ausbildung – er absolvierte u.a. ein Rhetorikstudium auf der griechischen Insel Rhodos – beschritt er die übliche militärische und politische Laufbahn, die ihn über die Quästur (etwa 69/68 v.Chr.), die Ädilität und die Prätur bis ins Konsulamt (59 v.Chr.) brachte. Schon einige Jahre zuvor wandte er sich von der politischen Nobilität, der Senatsaristokratie, ab und sympathisierte mit den Popularen, den »Volksfreunden«. So stellte er z.B. im Prozess gegen die Catilinarier, einer Gruppe von Verschwörern, die den Staat stürzen wollten, den (allerdings vergeblichen) Antrag, die Angeklagten nicht mit dem Tode, sondern nur mit lebenslanger Haft zu bestrafen. Er schloss sich im Jahre 60 v.Chr. mit dem General Pompeius und dem reichen Crassus, den damals mächtigsten Männern des Reiches, zu einem Herrschaftsbündnis, dem so genannten 1. Triumvirat zusammen und setzte sich für neue Ackergesetze zugunsten der verarmten Landbevölkerung ein. Unter dem Vorwand, Freunde des römischen Reiches zu verteidigen, nutzte er sein militärisches Kommando in Gallien, um das Land kriegerisch zu unterwerfen und seine eigene Machtposition auszubauen.

Statt dann, wie befohlen, seine Truppen zu entlassen und als Privatmann nach Rom zurückzukehren, zog er 49 v.Chr. mit seinen Soldaten nach Italien (»Gang über den Rubicon«) und löste damit einen Bürgerkrieg aus, den er vier Jahre später zu seinen Gunsten entschied. Nach der Ausschaltung seines Hauptgegners und früheren Verbündeten Pompeius war Caesar nun Alleinherrscher und ließ sich 44 v.Chr. zum Diktator auf Lebenszeit ernennen. Am 15. März 44 fiel er einem Attentat zum Opfer: Republikanische Oppositionelle unter der Führung von Brutus und Cassius überfielen ihn in der Kurie und setzten seinem Leben mit Dolchstößen ein Ende.

Eine 50-Shilling-Münze der Republik Somalia mit Caesars Bildnis und seinem berühmtesten Ausspruch.

Teil 2

Deum maxime Mercurium colunt,
huius sunt plurima simulacra,
hunc omnium inventorem artium ferunt,
hunc viarum atque itinerum ducem,
hunc ad quaestus pecuniae mercaturasque
habere vim maximam arbitrantur.

Mercurius: *Eigenname*
plūrimī, ae, a: die meisten
simulācrum: Bild
inventor, ōris *m.*: Erfinder
ars, artis *f.*: Kunst; Handwerk
quaestus, ūs *m.*: Erwerb
mercātūra: Handel

Post hunc Apollinem et Martem
et Iovem et Minervam (colunt).
De his eandem fere quam reliquae gentes
habent opinionem:
Apollinem morbos depellere,
Minervam operum atque artificiorum initia tradere,
Iovem imperium caelestium tenere,
Martem bella regere.

Apollō, inis *m.*: *Eigenname*
Mārs, Mārtis *m.*: *Eigenname*
Iuppiter, Iovis *m.*: *Eigenname*
Minerva: *Eigenname*
opīniō, ōnis *f.*: Meinung
dēpellere, pulī, pulsum: vertreiben
opera, um *n. Pl.*: Handwerk
artificium: Kunst(werk)
initium: Anfang
trādere: *hier*: lehren
caelestis, e: himmlisch

Huic, cum proelio dimicare constituerunt,
ea, quae bello ceperint, plerumque devovent;
cum superaverunt, animalia capta immolant
reliquasque res in unum locum conferunt.

dīmicāre: kämpfen
dēvovēre, vōvī, vōtum: weihen
superāvērunt: *erg.* hostēs
animal, ālis *n.*: Lebewesen, Tier
immolāre: opfern

Multis in civitatibus
harum rerum exstructos cumulos locis consecratis
conspicari licet;
neque saepe accidit,
ut neglecta quispiam religione
aut capta apud se occultare
aut posita tollere auderet,
gravissimumque ei rei supplicium
cum cruciatu constitutum est.

exstruere, strūxī, strūctum: aufschichten, errichten
cumulus: Haufen
cōnsecrātus: geweiht, heilig
cōnspicārī: erblicken, sehen
licet: *hier*: man kann
quispiam: jemand
occultāre: verbergen
posita tollere: die geweihten Dinge wegnehmen/stehlen
cruciātus, ūs *m.*: Marter, Qual

Galli se omnes ab Dite patre prognatos praedicant idque ab druidibus proditum dicunt. Ob eam causam spatia omnis temporis non numero dierum, sed noctium finiunt.

Dīs pater, Dītis patris *m.*: Pluto, *Gott der Unterwelt*
prōgnātus ab: abstammend von
praedicāre: öffentlich verkünden; rühmen
prōdere: *hier*: überliefern
spatium: Raum
fīnīre: begrenzen, beenden

1 Suchen Sie aus dem Text – Teil 1 und Teil 2 – alle lateinischen Begriffe zum Sachfeld »Religion« heraus und ordnen Sie diese nach einem Prinzip, das Ihnen sinnvoll erscheint, zu einer Mindmap.

2 (a) Welche Götter werden von den Galliern verehrt? Wofür sind diese Gottheiten jeweils zuständig? Zitieren Sie lateinisch. – (b) Vergleichen Sie die gallischen Götter mit den wichtigsten Göttern der Römer: Wer fehlt z.B.?

3 Untersuchen Sie die Stilmittel in Z. 1–6 und ihre mögliche Wirkungsabsicht.

4 Wie verhalten sich die Gallier vor und nach einem Krieg? Wie lässt sich ihr Verhalten begründen?

5 (a) Worin besteht das Vergehen des *quispiam* (Z. 23) und wie wird es bestraft? Nennen Sie die zentralen lateinischen Begriffe. – (b) Wie könnten die Gallier diese Praxis rechtfertigen?

6 Erläutern Sie den Zusammenhang zwischen der Abstammung der Gallier und ihrer Zeitrechnung (Z. 28–31).

7 Charakterisieren Sie – auf Deutsch – die Religion der Gallier. Berücksichtigen Sie dabei auch Teil 1.

De bello Gallico

Caesars Schrift über den gallischen Krieg, dem die Texte unserer Sammlung entstammen, befasst sich mit der Unterwerfung Galliens (58–51 v. Chr.). Äußerlich geben sich die acht Bücher (das achte stammt von Caesars Offizier Hirtius) als *commentarii*, d.h. als Aufzeichnungen oder Protokolle. Entsprechend nüchtern und sachlich ist der Stil. Doch zeigt das Werk auch eindeutige Merkmale der (literarischen) Geschichtsschreibung, wie z.B. Exkurse (über Britannien, Gallien und Germanien) und direkt wiedergegebene Reden. Der Autor ist bestrebt, sein kriegerisches Vorgehen als »gerechten Krieg« *(bellum iustum)* zu rechtfertigen (und sich als fähigen Feldherrn darzustellen). Die modernen Historiker haben jedoch nachgewiesen, dass Caesar weniger das Wohl des römischen Volkes und der Bundesgenossen als vielmehr seine eigenen Machtinteressen im Auge hatte: In seinem Konsulat hatte er sich viele Feinde gemacht und wollte nun mit militärischen Erfolgen (die ihm auch finanziell helfen und neue Anhänger mobilisieren sollten) seine Position stärken.

4 Gallische Sitten und Gebräuche

Teil 1

Umgang mit den Söhnen

In reliquis vitae institutis
hoc fere ab reliquis differunt,
quod suos liberos, nisi cum adoleverunt,
ut munus militiae sustinere possint,
palam ad se adire non patiuntur
filiumque puerili aetate in publico
in conspectu patris assistere turpe ducunt.

hōc … quod: dadurch, dass …
līberī, ōrum *m. Pl.*: Kinder
adolēscere, adolēvī, adultum: heranwachsen
sustinēre: aushalten
palam *Adv.*: öffentlich
patī, patior, passus sum: zulassen; leiden
puerīlis, e: kindlich
aetās, tātis *f.*: Alter, Lebensalter
in cōnspectū alicuius assistere: in jmds. Nähe gesehen werden
turpe dūcere: für eine Schande halten

1 Erstellen Sie ein Satzbild für Z. 1–7.

2 (a) Wann dürfen sich die Väter mit ihren Söhnen in der Öffentlichkeit zeigen? – (b) Was könnte der Grund für diesen Brauch sein?

Teil 2

Männer und Frauen

Viri, quantas pecunias ab uxoribus
dotis nomine acceperunt,
tantas ex suis bonis aestimatione facta
cum dotibus communicant.
Huius omnis pecuniae coniunctim ratio habetur
fructusque servantur.

Uter eorum vita superaverit, ad eum pars utriusque
cum fructibus superiorum temporum pervenit.
Viri in uxores sicut in liberos
vitae necisque habent potestatem,
et cum pater familiae illustriore loco natus decessit,
eius propinqui conveniunt,

uxor, ōris *f.*: Ehefrau
nōmine dōtis: als Mitgift
bonum: Gut, Vermögen
aestimātiō, ōnis *f.*: (Ab-)Schätzung, Berechnung
dōtes, um *f. Pl.*: Mitgift
commūnicāre: *hier*: zusammenlegen
coniūnctim *Adv.*: gemeinschaftlich
ratiōnem alicuius reī habēre: Rechnung führen über
frūctus, ūs m.: *hier*: Zinsen
uter, tra, trum: wer (von beiden)
vītā superāre: (den anderen) überleben
uterque, utraque, utrumque, *Gen.* utrīusque: jeder (von beiden)
superior, ius: früher; weiter oben
sīcut: wie
nex, necis *f.*: Tod
illūstrī locō nātus: von vornehmerem Stand
dēcēdere, cessī, cessum: weggehen; sterben

et de morte, si res in suspicionem venit,
de uxoribus in servilem modum quaestionem habent,
et si (facinus) compertum est,
igni atque omnibus tormentis excruciatas interficiunt.

suspīciō, ōnis *f.*: Verdacht
in servīlem modum: nach Sklavenart, wie Sklaven; *Sklaven durften gefoltert werden*
quaestiō, ōnis *f.*: Frage, Untersuchung
comperīre, perī, pertum: erfahren, in Erfahrung bringen
tormentum: Folter(qual)
excruciāre: martern
interficere, ficiō, fēcī, fectum: töten

1 Welche Rolle spielt nach diesem Text die Mitgift?
2 Wie ist das Verhältnis zwischen gallischen Männern und Frauen?
3 Bewerten Sie Z. 11–16.

Teil 3

Bestattungen

Funera sunt pro cultu Gallorum
magnifica et sumptuosa;
omniaque, quae vivis cordi fuisse arbitrantur,
in ignem inferunt, etiam animalia,
ac paulo post hanc memoriam
servi et clientes,
quos ab illis dilectos esse constabat,
iustis funeribus confectis una cremabantur.

fūnus, eris *n.*: Bestattung
māgnificus: großartig, prächtig
sūmptuōsus: kostspielig
vīvus: lebend, lebendig
cor, cordis *n.*: Herz
īnferre, ferō, tulī, lātum: hineintragen
paulō *Abl. mens.*: (um) etwas, ein wenig
memoria: *hier*: Zeit
cliēns, ntis *m.*: Höriger, Klient
dīligere, lēxī, lēctum: lieben
iūstus: *hier*: ordnungsgemäß, eigentlich
cremāre: verbrennen

1 Charakterisieren Sie die Bestattungen der Gallier. Welchen Unterschied gibt es zwischen den früheren und den zur Zeit Caesars üblichen Bräuchen?
2 (a) Nehmen Sie Stellung zu Z. 6–8. – (b) Informieren Sie sich: Gibt es noch andere Kulturen, in denen ein ähnlicher Brauch befolgt wurde? Welche? – (c) Welcher Sinn könnte einer solchen Gepflogenheit zugrunde liegen?
3 (a) Lesen Sie noch einmal die Texte 1–4 und stellen Sie – auf Deutsch – die wichtigsten Informationen über die Gallier zusammen. – (b) Wie werden die Gallier von Caesar gesehen?

5 Wie lebten die Germanen?

Teil 1

Germani multum ab hac consuetudine differunt.
Nam neque druides habent,
qui rebus divinis praesint,
neque sacrificiis student.
Deorum numero eos solos ducunt, quos cernunt
et quorum aperte opibus iuvantur,
Solem et Vulcanum et Lunam,
reliquos ne fama quidem acceperunt.
Vita omnis in venationibus
atque in studiis rei militaris consistit;
a parvis labori ac duritiae student.

multum *Adv.*: viel, sehr
cōnsuētūdō, dinis *f.*: Gewohheit
praeesse, sum, fuī + *Dat.*: vorstehen, leiten
numerō dūcere: zur Zahl rechnen
cernere, crēvī, crētum: wahrnehmen, sehen
apertus: offen, offenkundig
iuvāre, iūvī, iūtum: unterstützen
Vulcānus: *bei den Römern Gott des Feuers und der Schmiedekunst*
lūna: Mond
nē … quidem: nicht einmal
vēnātiō, ōnis *f.*: Jagd
mīlitāris, e: militärisch, Kriegs-
cōnsistere: *hier*: bestehen
ā parvīs: von klein auf
dūritia: Härte, Abhärtung

Qui diutissime impuberes permanserunt,
maximam inter suos ferunt laudem;
hoc ali staturam, ali vires
nervosque confirmari putant.

diūtissimē *Adv.*: am längsten
impūbēs, pūberis: keusch
laus, laudis *f.*: Lob
alere, aluī, altum: (er)nähren, stärken
statūra: Gestalt, Wuchs
nervus: Sehne, Muskel
cōnfīrmāre: stärken, versichern

Intra vero annum vicesimum
feminae notitiam habuisse
in turpissimis habent rebus.
Cuius rei nulla est occultatio,
quod et promiscue in fluminibus perluuntur
et pellibus aut parvis renonum tegimentis utuntur,
magna corporis parte nuda.

intrā + *Akk.*: *hier*: vor
vērō *Adv.*: aber
vīcēsimus: zwanzigster
fēmina: Frau
nōtitia: Bekanntschaft, Umgang
turpis, e: schändlich, schimpflich
occultātiō, ōnis *f.*: Verstecken, Verheimlichung
prōmiscuē *Adv.*: gemischt
perluī: baden
pellis, is *f.*: Haut; Fell
rēnōnum tegimenta, ōrum *n. Pl.*: Pelzüberwürfe
parte nūdā: *nominaler Abl. abs.*
nūdus: nackt

1 Unter welchen Gesichtspunkten werden hier die Germanen beschrieben? Schreiben Sie die zentralen lateinischen Begriffe heraus.
2 (a) Wie sieht nach Caesars Darstellung der germanische »Götterhimmel« aus? – (b) Informieren Sie sich in einem deutschen Nachschlagewerk oder im Internet über die Götter der Germanen und bereiten Sie ein Kurzreferat vor.
3 Was sind laut Caesar die Hauptbeschäftigungen der Germanen?
4 Was ist mit *cuius rei* (Z. 19) gemeint?
5 Wie stehen die Germanen zur Sexualität und wie wird ihre Haltung begründet?

Tacitus, *Germania* 9,1–10,5

Unter den Göttern verehren sie am höchsten den Mercurius; sie halten es für geboten, ihm an bestimmten Feststagen sogar Menschenopfer dazubringen. Den Hercules und Mars suchen sie mit erlaubten Tieropfern huldvoll zu stimmen [...] Übrigens finden sie es unvereinbar mit der Erhabenheit der Himmlischen, die Götter in Wände einzuschließen und sie den Zügen des Menschenantlitzes irgendwie nachzubilden; sie weihen Waldlichtungen und Haine und bezeichnen mit göttlichen Namen nur jenes geheimnisvolle Wesen, das sie allein in ihrer Ehrfurcht schauen [...]
Vorzeichen und Losentscheidungen beachten sie wie kaum jemand sonst [...] Das bekannte Verfahren, die Stimmen der Vögel und ihren Flug zu befragen, ist hier ebenfalls geläufig; eine besondere Eigenart dieses Volkes aber ist es, auch die Witterungen und Warnungen von Pferden zu erkunden. Deshalb werden auf Kosten des Stammes in den erwähnten Hainen und Waldlichtungen Schimmel gehalten, die durch keinerlei Arbeitsleistung für Menschen entweiht sind. Wenn sie an den heiligen Wagen gespannt sind, schreiten der Priester und der König oder das Stammesoberhaupt neben ihnen her und achten auf ihr Wiehern und Schnauben. Kein anderes Vorzeichen findet größeres Vertrauen nicht nur bei den einfachen Leuten, sondern auch bei den Vornehmen und bei den Priestern. Diese halten sich nämlich selbst nur für Diener der Götter, die Pferde jedoch für deren Vertraute.
(Tacitus, Germania. Lateinisch und Deutsch. Übers. J. Lindauer. München 1967, S. 17ff.)

1 (a) Welche Besonderheiten der germanischen Religion werden besonders hervorgehoben und warum? – (b) Welche Parallelen gibt es zwischen den germanischen und den römischen religiösen Praktiken und was ist spezifisch germanisch?
2 Vergleichen Sie Tacitus' Beschreibung der germanischen Religion mit der Darstellung Caesars (Text 5, Z. 1–8).

Teil 2

Agriculturae non student
maiorque pars eorum victus
in lacte, caseo, carne consistit.

Neque quisquam agri modum certum
aut fines habet proprios,
sed magistratus ac principes in annos singulos
gentibus cognationibusque hominum
quique una coierunt,
quantum et quo locum visum est agri, attribuunt
atque anno post alio transire cogunt.

Eius rei multas afferunt causas:
ne assidua consuetudine capti
studium belli gerendi agricultura commutent;
ne latos fines parare studeant
potentioresque humiliores possessionibus expellant;
ne accuratius ad frigora atque aestus vitandos aedificent;
ne qua oriatur pecuniae cupiditas,

agrīcultūra: Ackerbau
vīctus, ūs *m.*: Nahrung
lac, lactis *n.*: Milch
cāseus: Käse
carō, carnis *f.*: Fleisch
cōnsistere: *hier*: bestehen
quisquam, quaequam, quicquam, *Gen.* cuiusquam: jemand, etwas
proprius: eigen, eigentümlich
magistrātus, ūs *m.*: Beamter; Behörde
singulī, ae, a: einzelne
cōgnātiō, ōnis *f.*: Blutsverwandtschaft, Sippe
quīque: *prädikativ zu* magistrātūs ac prīncipēs
quisque, quaeque, quidque *(subst.)*/ quodque *(adj.)*: jeder
coīre, eō, iī, itum: zusammenkommen
quantus: wie groß/viel
vīsum est: es wurde für gut befunden
agrī: *Gen. Part. zu* quantum
attribuere, tribuī, tribūtum: zuteilen
annō: *Abl. mens.*
aliō *Adv.*: anderswohin
nē … commūtent: *Übersetzen Sie die folgenden Gliedsätze mit Hauptsätzen:* Sie sollen nicht …
assiduus: ständig
commūtāre aliquid aliquā rē: etw. mit etw. vertauschen
lātus, a, um: weit, breit
potēns, ntis: mächtig, stark
humilis, e: niedrig; schwach
accūrātus: sorgfältig
frīgus, oris *n.*: Kälte
aestus, ūs *m.*: Hitze
vītāre: (ver)meiden
vītandōs: *bezieht sich auch auf* frīgora
qua: ≈ aliqua, *gehört zu cupiditās*
orīrī, orior, ortus sum: sich erheben, entstehen
cupiditās, tātis *f.*: Begierde

qua ex re factiones dissensionesque nascuntur; ut animi aequitate plebem contineant, cum suas quisque opes cum potentissimis aequari videat.

factiō, ōnis *f.*: Partei; Entzweiung
dissēnsiō, ōnis *f.*: Meinungsverschiedenheit, Streit
aequitās, tātis *f.*: Gleichmut, Gelassenheit
continēre: zusammenhalten
opēs, um *f. Pl.*: *hier*: Mittel
aequārī: gleichkommen, auf gleicher Stufe stehen

1 Wie wird bei den Germanen der Ackerbau betrieben (Z. 1–10)? Nennen Sie die zentralen lateinischen Begriffe.

2 Welche Gefahren sehen die Germanen in der Sesshaftigkeit? Zitieren Sie lateinisch.

3 (a) Was wollen sie mit ihrer Lebensart vor allem erreichen? – (b) Bewerten Sie ihre Einstellung.

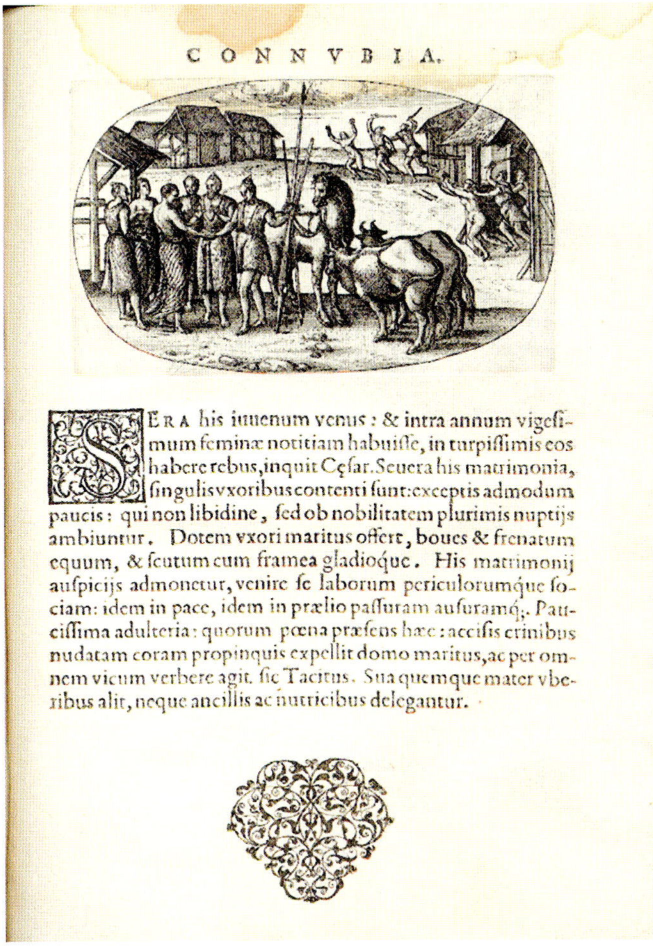
CONNVBIA.

SERA his iuuenum venus: & intra annum vigesimum feminæ notitiam habuisse, in turpissimis eos habere rebus, inquit Cęsar. Seuera his matrimonia, singulis vxoribus contenti sunt: exceptis admodum paucis: qui non libidine, sed ob nobilitatem plurimis nuptijs ambiuntur. Dotem vxori maritus offert, boues & frenatum equum, & scutum cum framea gladioque. His matrimonij auspicijs admonetur, venire se laborum periculorumque sociam: idem in pace, idem in prælio passuram ausuramq;. Paucissima adulteria: quorum pœna præsens hæc: accisis crinibus nudatam coram propinquis expellit domo maritus, ac per omnem vicum verbere agit. sic Tacitus. Sua quemque mater vberibus alit, neque ancillis ac nutricibus delegantur.

Buchseite aus dem Werk *Germanorum vetera vita, mores, ritus et religio* (erschienen 1596) des flämischen Humanisten Abraham Ortelius. Es sollte jungen Lesern die wichtigsten Beobachtungen antiker Autoren zu den Germanen näher bringen. Illustriert wurde das Büchlein vom Kupferstecher Philipp Galle.

6 Krieg und Frieden

Civitatibus maxima laus est
quam latissime circum se
vastatis finibus solitudines habere.
Hoc proprium virtutis existimant
expulsos agris finitimos cedere
neque quemquam prope se audere consistere.
Simul hoc se fore tutiores arbitrantur,
repentinae incursionis timore sublato.
Cum bellum civitas aut inlatum defendit aut infert,
magistratus, qui ei bello praesint
et vitae necisque habeant potestatem, deliguntur.
In pace nullus est communis magistratus,
sed principes regionum atque pagorum
inter suos dicunt ius controversiasque minuunt.
Latrocinia nullam habent infamiam,
quae extra fines cuiusque civitatis fiunt,
atque ea (latrocinia) iuventutis exercendae
ac desidiae minuendae causa fieri praedicant.

Atque ubi quis ex principibus in consilio dixit
se ducem fore,
consurgunt ii, qui et causam et hominem probant
suumque auxilium pollicentur
atque a multitudine collaudantur;
qui ex his secuti non sunt,
in desertorum ac proditorum numero ducuntur,
omniumque his rerum postea fides derogatur.

Hospitem violare fas non putant;
Qui quacumque de causa ad eos venerunt,

cīvitās, tātis *f.*: *hier*: Stamm
circum + *Akk.*: um … herum
sōlitūdinēs *f. Pl.*: Ödland

fīnitimus: Nachbar
cōnsistere, stitī, –: sich aufstellen; Halt machen; sich niederlassen
simul *Adv.*: zugleich
tūtus: geschützt, sicher
repentīnus: plötzlich
incursiō, ōnis *f.*: Einfall, Angriff
dēligere, lēgī, lēctum: auswählen
commūnis, e: gemeinsam; allgemein
pāgus: Gau, Bezirk
minuere, minuī, minūtum: vermindern
latrōcinium: Raub
īnfāmia: übler Ruf, Schande
extrā + *Akk.*: außerhalb von
exercēre: üben, trainieren; ausüben
dēsidia: Müßiggang
ubī + *Ind.*: sobald
quis: jemand
cōnsilium: *hier*: Thing, *german. Volks- und Gerichtsversammlung*
cōnsurgere, surrēxī, surrēctum: sich erheben
probāre: billigen, gutheißen
pollicērī, polliceor, pollicitus sum: versprechen
collaudāre: sehr loben
dēsertor, ōris *m.*: Deserteur
prōditor, ōris *m.*: Verräter
numerō dūcere: zur Zahl rechnen
dērogāre: aberkennen, entziehen
hospes, itis *m.*: Gast; Fremder
violāre: verletzen
quīcumque, quaecumque, quodcumque, *Gen.*: cuiuscumque: welcher auch immer

ab iniuria prohibent sanctosque habent, hisque omnium domus patent victusque communicatur.

prohibēre ab: *hier*: schützen vor
sānctus: heilig, unverletzlich
patēre, patuī, –: offen stehen
commūnicāre: *hier*: teilen

1 Welche Bedeutung haben für die Germanen die *solitudines* (Z. 3)? Zitieren Sie lateinisch.
2 Wodurch unterscheiden sich die Verwaltungsstrukturen in Friedens- und in Kriegszeiten?
3 Was meinen Sie: Warum hält Caesar den Passus Z. 15–18 für erwähnenswert?
4 (a) Wie ergeht es Männern, die einem Heerführer die Gefolgschaft verweigern? – (b) Bewerten Sie diese Praxis. – (c) Wer übernimmt bei den Römern gemäß der Verfassung den Oberbefehl im Krieg?
5 *Quacumque de causa* (Z. 28): Notieren Sie – auf Deutsch – mögliche Beispiele und kommentieren Sie die germanische Gastfreundschaft.

Germanische Gerichtsversammlung (Thing). Zeichnung eines Reliefs, das man im Original noch heute an der Mark-Aurel-Säule in Rom betrachten kann.

7 Welche Tiere gibt es bei den Germanen?

Est bos cervi figura, cuius a media fronte inter aures unum cornu existit excelsius magisque derectum his, quae nobis nota sunt, cornibus; ab eius summa sicut palmae ramique late diffunduntur. Eadem est feminae marisque natura, eadem forma magnitudoque cornuum.

Sunt item, quae appellantur alces. Harum est consimilis capris figura et varietas pellium, sed magnitudine paulo antecedunt mutilaeque sunt cornibus et crura sine nodis articulisque habent.

Neque quietis causa procumbunt, neque, si quo afflictae casu conciderunt, erigere sese aut sublevare possunt.

His sunt arbores pro cubilibus; ad eas se applicant atque ita paulum modo reclinatae quietem capiunt. Quarum ex vestigiis cum est animadversum a venatoribus, quo se recipere consuerint, omnes eo loco aut ab radicibus subruunt

bōs, bovis *m./f.*: Rind
cervus: Hirsch
figūra: Gestalt
frōns, ntis *f.*: Stirn
auris, is *f.*: Ohr
cornu, ūs *n.*: Horn
exsistere, stitī, –: hervortreten, entstehen
excelsus: hochragend
dērēctus: gerade
nōtus: bekannt
summa: Spitze
palma: Hand
rāmus: Zweig
diffundī: sich ausbreiten
mās, maris *m.*: männliches Tier
item *Adv.*: ebenso, auch
alcēs, is *f.*: Elch
cōnsimilis, e: ganz ähnlich
capra: Ziege
varietās, tātis *f.*: Buntheit
antecēdere, cessī, cessum: vorausgehen; übertreffen
mutilus: verstümmelt
crūs, crūris *n.*: Bein
sine nōdīs articulīsque: ohne Knöchel und Gelenke
quiēs, ētis *f.*: Ruhe, Erholung
prōcumbere, cubuī, cubitum: sich niederlegen, -werfen
quō: ≈ aliquō
afflīgere, flīxī, flīctum: (nieder)schlagen
cāsus, ūs *m.*: Fall; Zufall; Unglück
concidere, cidī, –: stürzen, zusammenbrechen
ērigere, rēxī, rēctum: aufrichten
sēsē: = sē
sublevāre: aufrichten, erheben
cubīle, is *n.*: Lager(stätte)
sē applicāre: sich anlehnen
paulum modō: nur wenig
reclinātus: angelehnt, gestützt
vestīgium: Spur, Fährte
vēnātor, ōris *m.*: Jäger
quō … consuerint: wohin sie sich zurückgezogen haben
omnēs: *gehört zu* arborēs
ab rādīcibus subruere: an den Wurzeln unterwühlen

aut accidunt arbores,
tantum ut summa species earum stantium relinquatur.
Huc cum se consuetudine reclinaverunt,
infirmas arbores pondere affligunt
atque una ipsae concidunt.

accīdere: anschneiden, -hauen
tantum … relinquātur: sodass oben noch der Eindruck von stehenden Bäumen erhalten bleibt
sē reclināre: sich anlehnen
īnfirmus: schwach
pondus, eris *n.*: Gewicht

1 Suchen Sie aus dem Text alle Begriffe zum Sachfeld »Tiere« heraus und ordnen Sie diese zu einer Mindmap.
2 Zeichnen Sie den Kopf des in Z. 1–8 beschriebenen Tieres.
3 Welche Eigenschaften haben die *alces*? Zitieren Sie lateinisch.
4 Beschreiben Sie – auf Deutsch –, wie sie gefangen werden.
5 (a) Warum hat Caesar gerade die hier genannten Tiere beschrieben und worauf könnte er seine Darstellung stützen? – (b) Halten Sie seine Ausführungen für realistisch? Begründen Sie Ihre Einschätzung.

Konjunktiv Perfekt

Nōn enim mē hoc dīcere pudet
nōs ea, quae **cōnsecūtī simus**,
iīs studiīs adeptōs esse,
quae **sint** nōbis ā Graecīs **trādita**.

Ich schäme mich nämlich nicht (dies) zu sagen, dass wir das, was wir erreicht haben, durch die Wissenschaften erlangt haben, die uns von den Griechen übermittelt wurden.

Der Konjunktiv Perfekt findet sich hier beide Male in einem Relativsatz. Diese Gliedsätze stehen nach den Regeln der Oratio obliqua im Konjunktiv, wobei das Perfekt jeweils die Vorzeitigkeit zum übergeordneten Prädikat bezeichnet. In diesen Fällen wird der Konjunktiv nicht als Konjunktiv übersetzt.

Bildeweise des Konjunktiv Perfekt:
Konjunktiv Perfekt Aktiv: Perfektstamm + -erim, -eris, -erit, -erimus, -eritis, -erint.
Konjunktiv Perfekt Passiv: PPP + sim, sis, sit, simus, sitis, sint.

8 Land und Leute

Germania omnis a Gallis Raetisque et Pannoniis
Rheno et Danuvio fluminibus,
a Sarmatis Dacisque
mutuo metu aut montibus separatur.

Cetera Oceanus ambit,
latos sinus et insularum immensa spatia
complectens,
nuper cognitis quibusdam gentibus ac regibus,
quos bellum aperuit.
Quis, praeter periculum horridi et ignoti maris,
Asia aut Africa aut Italia relicta
Germaniam peteret,
informem terris, asperam caelo,
tristem cultu aspectuque,
nisi si patria sit?

Ipse eorum opinionibus accedo,
qui Germaniae populos
nullis aliarum nationum conubiis infectos
propriam et sinceram gentem
exstitisse arbitrantur.
Unde habitus quoque corporum
idem omnibus (est):
truces et caerulei oculi, rutilae comae,
magna corpora et tantum ad impetum valida.

Germānia: Germanien
Raetī, ōrum *m. Pl.*: Räter, *kelt. Volk zwischen Donau, Rhein und Lech*
Pannoniī, ōrum *m. Pl.*: Pannonier, *Volk in Teilen des heutigen Österreichs und Ungarns*
Rhēnus: Rhein
Dānuvius: Donau
Sarmatae, ārum *m. Pl.*: Sarmaten, *Volk zwischen Weichsel und Wolga*
Dācī, ōrum *m. Pl.*: Daker, *Volk im heutigen Rumänien*
mūtuus: gegenseitig
sēparāre: trennen
Ōceanus: Ozean, *das die Erdscheibe umströmende Weltmeer*
ambīre: umgeben, -schließen
sinus, ūs *m.*: *hier*: Landvorsprung
immēnsus: unermesslich
complectī, plector, plexus sum: umarmen, -fassen
nūper *Adv.*: neulich, vor kurzem
aperīre: *hier*: erschließen, bekannt machen
horridus: rau, abstoßend
īgnōtus: unbekant
Asia: Kleinasien
Africa: Afrika
Italia: Italien
īnfōrmis, e: unförmig, hässlich
asper, a, um: rau
caelum: *hier*: Klima
trīstis, e: traurig, trostlos
aspectus, ūs *m.*: Anblick, Aussehen
accēdere: *hier*: sich anschließen
cōnūbium: Ehe
īnfectus: befleckt
sincērus: rein, echt
exsistere: *hier*: bleiben
unde *Adv.*: *hier*: daher
habitus, ūs *m.*: Haltung, Aussehen
trux, trucis: trotzig, wild
caeruleus: blau
rutilus: rötlich, rötlichgelb
coma: Haar
tantum: nur
impetus, ūs *m.*: Angriff
validus: stark, gesund

Laboris atque operum (eis) non eadem patientia (est),
minimeque sitim aestumque tolerare,
frigora atque inediam (tolerare)
caelo solove assueverunt.

Terra etsi aliquanto specie differt,
in universum tamen
aut silvis horrida aut paludibus foeda,
humidior, qua Gallias,
ventosior, qua Noricum ac Pannoniam aspicit;

Satis ferax, frugiferarum arborum impatiens,
pecorum fecunda,
sed (pecora) plerumque improcera (sunt).

opus, eris *n.*: *hier*: Mühe
patientia: Ausdauer, Geduld
sitis, is *f.*: Durst
tolerāre: *abhängig von* assuēvērunt
inedia: Hungern
solum: *hier*: kärglicher Boden
-ve: oder
assuēscere, suēvī: sich gewöhnen; *Perf.* gewohnt sein
etsī: wenn auch
aliquantō *Abl. mens.*: beträchtlich
speciēs, ēī *f.*: Aussehen, Gestalt
in ūniversum: insgesamt
palūs, ūdis *f.*: Sumpf
foedus: hässlich, abstoßend
hūmidus: feucht, nass
quā: wo, wohin
Galliās: *gemeint sind die verschiedenen gallischen Provinzen*
ventōsus: windig
Nōricum: *röm. Provinz in den Ostalpen*
Pannonia: Pannonien; *umfasst heutige Teile von Österreich und Ungarn*
ferāx, ācis: fruchtbar
frūgifer, a, um: Obst-
impatiēns, ntis + *Gen.*: ungeeignet für
fēcundus + *Gen.*: reich an
imprōcērus: von niedrigem Wuchs, unansehnlich

1 Betrachten Sie die Karte auf S. 5 und stellen Sie fest, wo die Grenzen Germaniens verliefen. Welchen modernen Ländern entspricht das frühere Germanien?

2 Was führte zur Entdeckung neuer Volksstämme? Zitieren Sie lateinisch.

3 (a) Wie beschreibt Tacitus das Land Germanien und seine Bewohner? Schreiben Sie jeweils die zentralen lateinischen Begriffe heraus. – (b) Nehmen Sie Stellung zu dem hier von Tacitus entworfenen Bild.

4 Vergleichen Sie den hier zitierten Anfang von Tacitus' Schrift *Germania* mit dem Beginn von Caesars *De bello Gallico*.

9 Recht und Ordnung

Licet apud concilium accusare quoque
et discrimen capitis intendere.
Distinctio poenarum ex delicto:
Proditores et transfugas arboribus suspendunt,
ignavos et imbelles et corpore infames
caeno ac palude mergunt.

Paucissima in tam numerosa gente adulteria,
quorum poena praesens et maritis permissa:
abscissis crinibus nudatam coram propinquis
expellit domo maritus
ac per omnem vicum verbere agit;

publicatae enim pudicitiae nulla venia:
non forma, non aetate, non opibus
maritum invenerit.
Nemo enim illic vitia ridet.
Numerum liberorum finire
aut quemquam ex agnatis necare
flagitium habetur,
plusque ibi boni mores valent
quam alibi bonae leges.

cōncilium: *hier*: Thing, *german. Volks- und Gerichtsversammlung*
discrīmen capitis intendere: einen Prozess anstrengen, in dem es um Leben und Tod geht
distīnctiō, ōnis *f.*: Unterschied, Verschiedenheit
dēlictum: Vergehen
prōditor, ōris *m.*: Verräter
trānsfuga, ae *m.*: Überläufer
suspendere: *hier*: aufhängen
īgnāvus: feige, träge
imbellis, e: unkriegerisch, feige
īnfāmis, e: verrufen
caenum: Schmutz, Schlamm
mergere, mersī, mersum + *Abl.*: eintauchen, versenken in
tam: so
numerōsus: zahlenmäßig groß
adulterium: Ehebruch
praesēns: *hier*: auf der Stelle
permittere, mīsī, missum: erlauben
abscindere, *PPP* abscissum: abschneiden
crīnis, is *m.*: Haar
nūdāre: entblößen
cōram + *Abl.*: vor den Augen von
vīcus: Dorf
verber, eris *n.*: Rute, Peitsche
pūblicāre: *hier*: preisgeben
pudīcitia: Sittsamkeit, Keuschheit
venia: Erlaubnis, Verzeihung
invēnerit: ≈ inveniat
illīc *Adv.*: dort
vitium: Fehler, Laster
rīdēre: *hier* + *Akk.*
agnātus: nachgeboren *(wenn ein Erbe bereits vorhanden ist)*
necāre: töten
flāgitium: Schande, Schandtat
alibī *Adv.*: anderswo

1 Schreiben Sie die Begriffe heraus, die zum Sachfeld »Justiz« gehören, und ordnen Sie sie zu einer Mindmap.

2 (a) Welche Vergehen werden im Text genannt und wie werden sie bestraft? Schreiben Sie die lateinischen Ausdrücke heraus. – (b) Nehmen Sie Stellung.

3 (a) Sind die Germanen ein sittenstrenges Volk? Begründen Sie Ihre Meinung. – (b) Lesen Sie hierzu auch das kurze Gedicht von Eugen Roth (1895–1976). Passt die Aussage des Gedichts zum lateinischen Text? Warum ist laut Roth Tacitus' Befund »zu unserm Heil«?

> Bei Tacitus, wo wir die Sünden
> Der Römerin verzeichnet finden,
> steht aber auch, zu unserm Heil,
> Wie damals, ganz im Gegenteil,
> Gewandelt auf der Tugend Bahnen
> Germaninnen und auch Germanen.

4 Ist Tacitus hier ein neutraler Beobachter? Belegen Sie Ihre Einschätzung anhand des lateinischen Textes.

Cornelius Tacitus

Tacitus, der bedeutendste Geschichtsschreiber der Römer, lebte von etwa 55–120 n. Chr. Er entstammte einer vornehmen (wahrscheinlich in Gallien beheimateten) Familie und bekleidete hohe staatliche Ämter: So war er im Jahre 97 Konsul und wurde um 112/113 von Kaiser Trajan mit dem Posten eines Prokonsuls in der Provinz Asia geehrt.

Erst nach dem Tode des tyrannischen Kaisers Domitian im Jahr 96 n. Chr. legte er seine Schriften der Öffentlichkeit vor: einen »Dialog über die Redner« (*dialogus de oratoribus*), in dem er zeigt, dass sich der Niedergang der Beredsamkeit mit dem Untergang der Republik erklären lässt; eine Biographie seines Schwiegervaters Agricola, der Britannien erobert hatte, und die »Germania« (*De origine et situ Germanorum liber*). In dieser Schrift beschäftigt er sich mit der Geografie des Landes, der Herkunft und den Sitten und Gebräuchen seiner Bewohner. Sie ist unser wichtigstes Zeugnis für die »alten Germanen«. »Der Stoff ist hauptsächlich aus literarischen Quellen (Caesar, Livius, *Bella Germaniae* des älteren Plinus) geschöpft ... Das Werk ist als Spezialschrift über ein fremdes Volk ein Unikum, was Schwierigkeiten macht, seinen Charakter und Zweck zu bestimmen. Am einleuchtendsten scheint die ›Sittenspiegeltheorie‹: Tacitus habe seinem römischen Milieu, einer korrupten, unfreien und kriegerischer Leistungen kaum noch fähigen Umwelt, eine Existenzweise entgegenhalten wollen, die auf Einfachheit, Freiheit, Ehre und Kampfesmut beruhte.« (Manfred Fuhrmann: Geschichte der römischen Literatur. Stuttgart 1999, S. 325.)

In den lückenhaft erhaltenen *Historien* und *Annalen*, seinen großen Werken, stellt er die Geschichte Roms vom Tod des Augustus bis ins Jahr 96 n. Chr. dar. Seine psychologische Geschichtsschreibung gilt als meisterhaft. So stellte z. B. der Italiener Vico (gest. 1744) fest: »Tacito contempla l'uomo qual è, Platone qual dee essere« (Tacitus betrachtet den Menschen, wie er ist, Plato, wie er sein sollte). (Zit. von M. v. Albrecht: Geschichte der römischen Literatur. Bd. 2. München 1994, S. 904)

10 Ein Volk von Kämpfern?

Cum ventum in aciem, turpe (est) principi virtute vinci, turpe comitatui virtutem principis non adaequare.

Iam vero infame in omnem vitam ac probrosum superstitem principi suo ex acie recessisse: illum defendere, tueri, sua quoque fortia facta gloriae eius assignare praecipuum sacramentum est: Principes pro victoria pugnant, comites pro principe.

Si civitas, in qua orti sunt, longa pace et otio torpeat, plerique nobilium adulescentium petunt ultro eas nationes, quae tum bellum aliquod gerunt, quia et ingrata genti quies et facilius inter ancipitia clarescunt.

Quotiens bella non ineunt, non multum venatibus, plus per otium transigunt, dediti somno ciboque:

fortissimus quisque ac bellicosissimus nihil agens, delegata domus et penatium et agrorum cura feminis senibusque et infirmissimo cuique ex familia, ipsi hebent, mira diversitate naturae, cum idem homines sic ament inertiam et oderint quietem.

aciēs, ēī *f.*: Schlachtreihe; Schlacht
comitātus, ūs *m.*: Gefolgschaft
adaequāre aliquid alicuius: jmdm. in etw. gleichkommen
īnfāmis, e: schimpflich
probrōsus: schmachvoll
superstes, stitis alicui: jmdn. überlebend
tuērī, tueor, tuitus sum: beschützen
factum: Tat
assīgnāre: zuweisen, zuschreiben
praecipuus: besonders, außerordentlich
sacrāmentum: (Treue-)Eid
victōria: Sieg
comes, itis *m.*: Begleiter; Gefolgsmann
cīvitās, tātis *f.*: *hier*: Stamm
ōtium: Muße, Ruhe
torpēre: starr, gelähmt sein
ultrō *Adv.*: von sich aus, freiwillig
petere: *hier*: aufsuchen
tum *Adv.: hier*: gerade
quia: weil
ingrātus: unangenehm, lästig
anceps, cipitis: *hier*: gefährlich
clārēscere: sich auszeichnen, berühmt werden
quotiēns: sooft
vēnātus, ūs *m.*: Jagd
trānsigere: Zeit verbringen
dēdere, dēdedī, dēditum: übergeben, hingegeben
cibus: Speise
fortissimus quisque: gerade der Tapferste
bellicōsus: kriegerisch
dēlēgāre: übertragen
penātēs, ium *m.*: Hausgötter
senex, senis *m.*: alter Mann
hebēre: träge sein
mīrus: wunderbar, erstaunlich
dīversitās, tātis *f.*: Widerspruch
inertia: Trägheit
ōdisse *nur Perf.*: hassen

1 Suchen Sie aus dem Text die Begriffe, die zum Thema »Krieg« gehören, heraus und erstellen Sie eine Mindmap.
2 Charakterisieren Sie die Germanen als Krieger.
3 Welche Rollenverteilung gibt es zwischen Männern und Frauen?
4 Erläutern Sie *mira diversitate naturae* (Z. 21) und suchen Sie nach einer Erklärung für dieses (scheinbar) widersprüchliche Verhalten.

Die Kimbern (Tacitus, *Germania* 37)

Eundem Germaniae sinum
proximi Oceano Cimbri tenent,
parva nunc civitas, sed gloria ingens.
Sescentesimum et quadragesimum annum
urbs nostra agebat,
cum primum Cimbrorum audita sunt arma
Caecilio Metello ac Papirio Carbone consulibus.
Ex quo
si ad alterum imperatoris Traiani consulatum
computemus,
ducenti ferme et decem anni colliguntur:
Tam diu Germania vincitur.

sinus, ūs *m.*: Bucht
Ōceanus: Ozean, *das die Erdscheibe umströmende Weltmeer*
Cimbrī, ōrum *m. Pl.*: Kimbern, *Volk am Unterlauf der Elbe*
sescentēsimus quadrāgēsimus: der 640.
prīmum *Adv.*: zum ersten Mal
Caecilius Metellus; Papīrius Carbō, ōnis: *Eigennamen*
Trāiānus: *röm. Kaiser, reg. 98–117 n. Chr.*
computāre: (zusammen)rechnen
ducentī, ae, a: 200
fermē *Adv.*: etwa

1 (a) Informieren Sie sich in einem Geschichtsbuch oder im Internet über die Auseinandersetzungen zwischen den Kimbern und den Römern. Bereiten Sie ein Kurzreferat vor. – (b) Auf welche historischen Ereignisse wird im Text angespielt?
2 Interpretieren Sie den letzten Satz (Z. 12).

»Die Kimbern dringen in Italien ein«, Holzstich, um 1860, nach einer Zeichnung von Eduard Bendemann (1811–89).

11 Szenen aus dem Alltagsleben

Statim e somno,
quem plerumque in diem extrahunt,
lavantur, saepius calida (aqua),
ut apud (eos), quos plurimum hiems occupat.
Lauti cibum capiunt.
Tum ad negotia nec minus saepe ad convivia
procedunt armati.

Diem noctemque continuare potando nulli probrum.
Crebrae, ut inter vinolentos, rixae raro conviciis,
saepius caede et vulneribus transiguntur.

Potui (est) humor ex hordeo aut frumento,
in quandam similitudinem vini corruptus.
Cibi simplices, agrestia poma,
recens fera aut lac concretum;
sine apparatu, sine blandimentis expellunt famem.

Adversus sitim non eadem temperantia.
Si indulseris ebrietati
suggerendo, quantum concupiscunt,
haud minus facile vitiis quam armis vincentur.

Genus spectaculorum unum
atque in omni coetu idem:
Nudi iuvenes, quibus id ludicrum est,
inter gladios se saltu iaciunt.

extrahere: hinausziehen
lavārī, lāvor, lautus sum: sich waschen, baden
saepius *Adv.*: des Öfteren
calidus: heiß, warm
plūrimum *Adv.*: am meisten, meistens
hiems, hiemis *f.*: Winter
nec: = neque
prōcēdere, cessī, cessum: (vorwärts)gehen
convīvium: Gastmahl, Gelage
armātus: bewaffnet
continuāre: unmittelbar aufeinander folgen lassen
pōtāre: (viel) trinken, zechen
probrum: Schmach, Schande
crēber, bra, brum: häufig
vīnolentus: betrunken
rīxa: Streit
rārō *Adv.*: selten
convīcium: Beschimpfung, Beleidigung
trānsigī: *hier*: enden
pōtuī: *Dat. finalis*
pōtus, ūs *m.*: Getränk
hūmor, ōris *m.*: Flüssigkeit
hordeum: Gerste
similitūdō, dinis *f.*: Ähnlichkeit
corruptus: *hier*: vergoren
simplex, plicis: einfach, schlicht
agrestia pōma *Nom. Pl. n.*: wild wachsendes Obst
recēns fera: frisch erlegtes Wild
lac concrētum: Quark
apparātus, ūs *m.*: (größere) Zubereitung
blandīmentum: *hier*: Gewürz
famēs, is *f.*: Hunger
temperantia: Mäßigung, Selbstbeherrschung
sī indulseris ēbrietātī: würde man ihrer Trunksucht Vorschub leisten
suggerere: bereitstellen
concupīscere: begehren
haud: nicht
spectāculum: Schauspiel
coetus, ūs *m.*: Zusammenkunft
lūdicrum: Spielerei, Spiel
sē saltū iacere: einen Sprungtanz aufführen

Aleam, quod mireris, sobrii inter seria exercent,
tanta lucrandi perdendive temeritate,
ut, cum omnia defecerunt, extremo iactu
de libertate ac de corpore contendant.
Victus voluntariam servitudinem adit.

Funerum nulla ambitio: id solum observatur,
ut corpora clarorum virorum certis lignis crementur.
Struem rogi nec vestibus nec odoribus cumulant:
sua cuique arma, quorundam igni et equus adicitur.
Lamenta et lacrimas cito,
dolorem et tristitiam tarde ponunt.
Feminis lugere honestum est, viris meminisse.

ālea: Würfel(spiel)
mīrārī aliquid: sich wundern über
sōbrius: nüchtern
inter sēria exercēre: ganz ernsthaft betreiben
lucrārī: gewinnen
perdere: *hier*: verlieren
temeritās, tātis *f.*: Unbesonnenheit, Leichtfertigkeit
extrēmus: äußerster, letzter
iactus, ūs *m.*: Wurf
voluntārius: freiwillig
ambitiō, ōnis *f.*: Ehrgeiz
observāre: beachten, beobachten
līgnum: Holz
struēs rogī: Scheiterhaufen
vestis, is *f.*: Kleidungsstück
odor, ōris *m.*: Duft, Geruch
cumulāre: *hier*: überladen
adicere, iciō, iēcī, iectum: hinzufügen
lāmenta, ōrum *n. Pl.*: (Weh-)Klagen
lacrima: Träne
citō *Adv.*: schnell, rasch
trīstitia: Traurigkeit, Trauer
tardus: langsam
lūgēre, lūxī, lūctum: trauern
honestus: ehrenhaft
meminisse *nur Perf.*: sich erinnern

1 Gliedern Sie den Text und geben Sie jedem Abschnitt eine Überschrift.
2 Welches Bild wird hier von den Germanen entworfen? Notieren Sie Stichworte.
3 Lesen Sie noch einmal die Texte 8–11. Zeichnen Sie eine Tabelle und tragen Sie – auf Deutsch – die positiven, negativen und neutral dargestellten Eigenschaften/Verhaltensweisen der Germanen ein.

Positive Eigenschaften/ Verhaltensweisen	Negative Eigenschaften/ Verhaltensweisen	Neutral dargestellte Eigenschaften/ Verhaltensweisen

12 Aus einem Brief des Marcus Tullius Cicero an seinen Bruder Quintus

Marcus' Bruder Quintus verwaltete als Statthalter die Provinz Asia (61–58 v. Chr.).

Quapropter incumbe toto animo et studio omni
in eam rationem, qua adhuc usus es,
ut eos, quos tuae fidei potestatique
senatus populusque Romanus commisit et credidit,
diligas et omni ratione tuearis
et (eos) esse quam beatissimos velis;
quod si te sors
Afris aut Hispanis aut Gallis praefecisset,
immanibus ac barbaris nationibus,
tamen esset humanitatis tuae
consulere eorum commodis
et utilitati salutique servire;
cum vero ei generi hominum praesimus non modo,
in quo ipsa sit, sed etiam a quo ad alios pervenisse
putetur humanitas,
certe iis eam potissimum tribuere debemus,
a quibus accepimus.

Non enim me hoc iam dicere pudebit,
praesertim in ea vita atque iis rebus gestis,
in quibus non potest residere
inertiae aut levitatis ulla suspicio,
nos ea, quae consecuti simus,
iis studiis et artibus esse adeptos,
quae sint nobis
Graeciae monumentis disciplinisque tradita.
Quare praeter communem fidem,
quae omnibus debetur,

quāpropter *Adv.*: deshalb
incumbere in ratiōnem: einem Grundsatz treu bleiben
adhūc *Adv.*: bis jetzt
fidēs: *hier*: Schutz
crēdere, crēdidī, crēditum: glauben; anvertrauen
ratiō, ōnis *f.*: *hier*: Art und Weise
quam beātissimus: möglichst glücklich
Afrī, ōrum *m. Pl.*: Afrikaner
Hispānī, ōrum *m. Pl.*: Spanier
praeficere, ficiō, fēcī, fectum: voranstellen, an die Spitze stellen
immānis, e: *hier*: wild
barbarus: ungebildet, unzivilisiert
hūmānitās, tātis *f.*: Menschlichkeit, Menschenliebe; Bildung
commodum: Vorteil
ūtilitās, tātis *f.*: Nutzen
generī hominum: *die Griechen*
potissimum *Adv.*: hauptsächlich, vor allem
pudet: es erfüllt mit Scham
praesertim *Adv.*: zumal, besonders
in + *Abl.*: *hier*: angesichts
eā, iīs: *Cicero meint sich selbst*
rēs gestae, rērum gestārum *f. Pl.*: Taten, Leistungen
residēre: zurückbleiben
inertia: Trägheit
levitās, tātis *f.*: Leichtigkeit, Leichtfertigkeit
nōs: *Marcus meint sich selbst*
cōnsecūtī simus: *Konj. Perf.; s. S. 23*
cōnsequi, sequor, secūtus sum: nachfolgen, erreichen
studium: *hier*: Wissenschaft
adipīsci, adipīscor, adeptus sum: erlangen, erreichen
sint … trādita: *Konj. Perf; s. S. 23*
Graecia: Griechenland
monumentum: *hier*: Schriftwerk
quārē *Adv.*: deshalb
fidēs: *hier*: Aufgeschlossenheit

praeterea nos isti hominum generi
praecipue debere videmur, ut,
quorum praeceptis sumus eruditi,
apud eos ipsos, quod ab iis didicerimus,
velimus expromere.

debēre vidēmur: wir müssen uns verpflichtet zeigen
praeceptum: Vorschrift, Lehre
ērudīre: unterrichten
didicerimus: *Konj. Perf.; s. S. 23*
exprōmere: an den Tag legen, beweisen

1 Erstellen Sie Satzbilder für Z. 1–6, Z. 18–25 und 26–32.

2 Wie soll sich Quintus als Statthalter ganz allgemein verhalten? Schreiben Sie die lateinischen Schlüsselbegriffe heraus.

3 (a) Welche Völker werden im Text genannt und wie werden sie charakterisiert? Zitieren Sie lateinisch. – (b) Welche besondere Beziehung besteht zwischen Marcus und den Griechen? – (c) Welche Schlussfolgerung zieht er daraus?

4 Vergleichen Sie Ciceros Einstellung zu den Griechen mit der Haltung Iuvenals, wie sie im Zusatztext zum Ausdruck kommt.

Iuvenal, *Saturae* 3, V. 58 ff.

Quae nunc divitibus gens acceptissima nostris
et quos praecipue fugiam, properabo fateri,
nec pudor obstabit. Non possum ferre, Quirites,
Graecam urbem. Quamvis quota portio faecis Achaei?
Iam pridem Syrus in Tiberim defluxit Orontes
et linguam et mores et cum tibicine chordas
obliquas nec non gentilia tympana secum
vexit et ad circum iussas prostare puellas.

Was für Volk bei unseren Reichen heutzutage am beliebtesten ist – ein Volk, dem ich vor allem ausweichen möchte, will ich dir unumwunden eingestehen, und Schamgefühl soll mich nicht davon zurückhalten.
Römische Bürger, ich kann ein vergriechtes Rom nicht ertragen. Aber von diesem Dreck – wie wen'ge sind wirklich Griechen? Lange schon hat in den Tiber sich Syriens Orontes ergossen; mit sich brachte er ihre Sprache und Moral, Flötenspieler und die schrägen Saiten der Harfe, auch ihre heimischen Tamburine und die Huren, die sich beim Circus anbieten müssen.

(Juvenal, Satiren. Übersetzung, Einführung und Anhang von Harry C. Schnur. Stuttgart 1969, S. 29)

Columbus

Aus einem Brief an den Schatzmeister des spanischen Königs Ferdinand:

Hispanae insulae quidem et omnium aliarum, quas ego vidi et quarum cognitionem habeo, incolae utriusque sexus nudi semper incedunt, praeter aliquas feminas, quae folio frondeve aliqua pudenda operiunt. Carent hi omnes quocumque genere ferri. Carent et armis non propter corporis deformitatem (cum sint bene formati), sed quia sunt timidi ac pleni formidine.

Saepe evenit, cum miserim duos vel tres homines ex meis ad aliquas villas, ut cum earum loquerentur incolis, exiisse agmen glomeratum ex Indis et, ubi nostros appropinquare videbant, fugam celeriter arripuisse; et hoc non, quod cuipiam eorum damnum aliquod vel iniuria illata fuerit.

Immo (eis), quibuscum verbum facere potui, quicquid habebam, sum elargitus: pannum aliaque permulta. Sed sunt natura pavidi ac timidi. Ceterum ubi se cernunt tutos, omni metu repulso sunt admodum simplices ac bonae fidei et in omnibus, quae habent, liberalissimi. Maximum erga omnes amorem prae se ferunt. Ego attamen prohibui, ne tam minima et nullius pretii hisce darentur,

Hispāna: *Eigenname*
cōgnitiō, ōnis *f.*: Kenntnis
incola, ae *m.*: Be-, Einwohner
sexus, ūs *m.*: Geschlecht
incēdere, cessī, cessum: einhergehen
folium: Blatt
frōns, frondis *f.*: Laub
pudenda, ōrum *n. Pl.*: Scham
operīre: bedecken
carēre, carūi, –, + *Abl.*: entbehren, nicht haben
dēfōrmitās, tātis *f.*: Verunstaltung, Schwäche
formātus: gestaltet
plēnus + *Abl.*: voll von
formīdō, dinis *f.*: Furcht
ēvenit: *hier m. A.c.i.*
ēvenīre, vēnī, ventum: sich ereignen
mīserim: ≈ mīsissem
trēs, trēs, tria, *Gen.* trium: drei
vīlla: *hier*: Dorf
loquī, loquor, locūtus sum: sprechen
agmen, minis *n.*: *hier*: Schar
glomerātus: dicht
ex Indīs: = Indōrum
Indī, ōrum *m. Pl.*: Inder
appropinquāre: sich nähern
fuga: Flucht
celer, is, e: schnell
arripere: *hier*: ergreifen
quod: *hier: mit Konj.*
quispiam, cuiuspiam: jemand
damnum: Schaden, Verlust
īnferre: *hier*: zufügen
īnfuerit = sit
immō *Adv.*: im Gegenteil
quicquid: alles, was
ēlargīrī: schenken
pannum: Tuch
permultī, ae, a: sehr viele
pavidus: angstvoll
cēterum *Adv.*: im Übrigen, aber
repellere, pulī, pulsum: zurücktreiben, verdrängen
admodum *Adv.*: sehr
līberālis, e: freigebig
ergā + *Akk.*: gegen(über)
prae + *Abl.*: vor
attamen: aber dennoch
minimus: der Kleinste, Geringste
pretium: Preis, Wert
hīsce = hīs

ut sunt vitri fragmenta, clavi, lingulae; quamquam, si hoc poterant adipisci, videbatur eis pulcherrima mundi possidere iocalia. Quod quia iniquum sane erat, vetui dedique eis multa pulchra et grata, quae mecum tuleram, ut eos mihi facilius conciliarem fierentque christicolae et ut sint proni in amorem erga Regem, Reginam principesque nostros et universas gentes Hispaniae ac studeant perquirere et coacervare eaque nobis tradere, quibus ipsi affluunt et nos magnopere indigemus. Nullam hi noverunt idolatriam.

Immo firmissime credunt omnem vim, omnem potentiam, omnia denique bona esse in caelo meque inde cum his navibus et nautis descendisse: atque hoc animo ubique fui susceptus, postquam metum repulerant. In omnibus his insulis nulla est diversitas inter gentis effigies, nulla in moribus atque loquela. Quin omnes se intellegunt adinvicem.

Quae res perutilis est ad id, quod serenissimum Regem nostrum exoptare praecipue reor, scilicet eorum ad sanctam Christi fidem conversionem. Cui quidem, quantum intellegere potui, facillimi sunt et proni.

vitrī fragmentum: Glasscherbe
clāvus: Nagel
lingula: (Schuh-)Riemen
quamquam: *hier*: dennoch
iocāle, is *n.*: Juwel
inīquus: ungerecht
sānē *Adv.*: sehr, überaus
vetāre, vetuī, vetitum: verbieten
grātus: *hier*: wertvoll
conciliāre: sich geneigt machen, für sich gewinnen
chrīsticola, ae *m.*: Christ
prōnus: geneigt, gewogen
rēgīna: Königin
Hispānia: Spanien
perquīrere: *hier*: beschaffen
coacervāre: an-, aufhäufen
affluere + *Abl.*: in Fülle haben
māgnopere *Adv.*: sehr
indigēre + *Abl.*: Mangel haben an
īdōlatrīa: Götzendienst
fīrmus: stark, fest
potentia: Macht
dēnique: schließlich
inde *Adv.*: von dort
nauta, ae *m.*: Seemann
ubīque *Adv.*: überall
fuī: = sum
dīversitās, tātis *f.*: Unterschied
effigiēs, ēī f.: *hier*: Aussehen
loquēla: Sprache
quīn: *hier*: vielmehr
intellegere, lēxī, lēctum: verstehen; erkennen; einsehen
adinvicem *Adv.*: untereinander
perūtilis, e: sehr nützlich
serēnus: erlaucht
exoptāre: sehnlich wünschen
rērī, reor, ratus sum: meinen
scīlicet *Adv.*: natürlich, nämlich
Chrīstus: Christus
fidēs: *hier*: Glaube
conversiō, ōnis *f.*: Bekehrung
quantum: *hier*: soweit
facilis, e + *Dat.*: *hier*: leicht empfänglich für

1 Gliedern Sie den Text und geben Sie jedem Abschnitt eine Überschrift.

2 Wie beschreibt Columbus die Bewohner der von ihm entdeckten Inseln? Notieren Sie die zentralen lateinischen Begriffe.

3 (a) Wie stellt er sich selbst dar? – (b) Was beabsichtigt er mit seinem Verhalten den Eingeborenen gegenüber? Zitieren Sie lateinisch. – (c) Nehmen Sie Stellung.

4 Vergleichen Sie Ciceros Einstellung gegenüber fremden Völkern mit der des Columbus.

Bellum iustum

13 De bellis

Primus bella intulit Ninus Assyriorum rex. Ipse enim finibus suis nequaquam contentus, humanae societatis foedus irrumpens exercitus ducere, aliena vastare, liberos populos aut trucidare aut subigere coepit universamque Asiam usque ad Libyae fines nova servitute perdomuit.

Quattuor autem sunt genera bellorum: id est iustum, iniustum, civile, et plus quam civile. Iustum bellum est, quod ex praedicto geritur de rebus repetitis aut propulsandorum hostium causa. Iniustum bellum est, quod de furore, non de legitima ratione initur.

De quo in Republica Cicero dicit (3,35): »Illa iniusta bella sunt, quae sunt sine causa suscepta. Nam extra quam ulciscendi aut propulsandorum hostium causa bellum geri iustum nullum potest.« Et hoc idem Tullius subdidit: »Nullum bellum iustum habetur nisi denuntiatum, nisi dictum, nisi de repetitis rebus (geritur).« Civile bellum est inter cives orta seditio

Ninus: *legendärer Begründer des assyrischen Reiches, Gatte der Semiramis*
Assyriī, ōrum *m. Pl.*: Assyrer
nēquāquam *Adv.*: in keiner Weise
contentus: zufrieden
societās, tātis *f.*: Bündnis, Gemeinschaft
foedus, eris *n.*: Vertrag, Bündnis
irrumpere: *hier*: brechen
aliēnus: fremd
trucīdāre: niedermetzeln
subigere, ēgī, āctum: unterwerfen
ūniversus: gesamt
Asia: Asien
Libya: Libyen
perdomāre, domuī: unterjochen
quattuor: vier
iniūstus: ungerecht
ex praedictō: nach vorheriger Kriegserklärung
rēs repetere: Ersatz für erlittenen Schaden fordern
prōpulsāre: abwehren, vertreiben
furor, ōris *m.*: Wut
lēgitimus: rechtmäßig
ratiō, ōnis *f.*: *hier*: Grund
inīre, eō, iī, itum: beginnen
Rēs pūblica, Reī pūblicae *f.*: *Titel einer Schrift Ciceros*
suscipere, cipiō, cēpī, ceptum: unter-, aufnehmen
extrā quam … causā: außerhalb der Absicht
ulcīscī, ulcīscor, ultus sum: (sich) rächen
Tullius: = Cicero
subdere, didī: *hier*: hinzufügen
dēnūntiāre: ankündigen, androhen
sēditiō, ōnis *f.*: Aufstand

et concitati tumultus, sicut inter Sullam et Marium, qui bellum civile invicem in una gente gesserunt.

Plus quam civile bellum est, ubi non solum cives certant, sed et cognati; quale actum est inter Caesarem et Pompeium, quando gener et socer invicem dimicaverunt.

concitāre: erregen
tumultus, ūs *m.*: Aufruhr, Tumult
Sulla: *röm. Diktator (138–78 v. Chr.), Optimat*
Marius: *Führer der Popularen (156–86 v. Chr.)*
invicem *Adv.*: untereinander
ubī: *hier:* wenn
certāre: kämpfen, streiten
cōgnātus: (bluts)verwandt
quālis, e: wie (beschaffen)
Pompēius: *röm. Feldherr und Politker (106–48 v. Chr.)*
quandō: *hier:* weil
gener, generī *m.*: Schwiegersohn
socer, socerī *m.*: Schwiegervater

1 Schreiben Sie die Begriffe heraus, die zum Sachfeld »Krieg« gehören und ergänzen Sie die Mindmap, die Sie zu Text 10, Aufgabe 1, S. 29 erstellt haben.

2 (a) Warum führte Ninus Krieg? – (b) Wie wird sein Verhalten bewertet? Zitieren Sie jeweils lateinisch.

3 Wie unterteilt Isidor bzw. Cicero die Kriege? Wodurch sind sie jeweils gekennzeichnet? Zeichnen Sie eine Tabelle und tragen Sie die lateinischen Schlüsselbegriffe ein.

	bellum …	bellum …	bellum …	bellum …
Definition				
Kriegsgrund				

4 In welche Kategorie gehören die Kriege des Ninus? Warum?

5 Charakterisieren Sie das im Text vorgetragene Konzept des »bellum iustum«. – (b) Nehmen Sie Stellung.

Assyrische Bogenschützen zu Pferde.

14 Darf man Kriege führen?

Atque in re publica maxime conservanda sunt iura belli. Nam cum sint duo genera decertandi – unum per disceptationem, alterum per vim – cumque illud proprium sit hominis, hoc beluarum, confugiendum est ad posterius, si uti non licet superiore. Quare suscipienda quidem bella sunt ob eam causam, ut sine iniuria in pace vivatur; parta autem victoria conservandi ii, qui non crudeles in bello, non inmanes fuerunt; ut maiores nostri Tusculanos, Aequos, Volscos, Sabinos, Hernicos in civitatem etiam acceperunt, at Karthaginem et Numantiam funditus sustulerunt.

Et cum iis, quos vi deviceris, consulendum est, tum ii, qui armis positis ad imperatorum fidem confugient – quamvis murum aries percusserit – recipiendi.

In quo tantopere apud nostros iustitia culta est, ut ii, qui civitates aut nationes devictas bello in fidem recepissent, earum patroni essent more maiorum.

cōnservāre: (be)wahren
dēcertāre: (bis zur Entscheidung) kämpfen
disceptātiō, ōnis *f.*: Verhandlung

bēlua: wildes Tier
cōnfugere, fugiō, fūgī–: flüchten, Zuflucht nehmen
posterior, ius: später
quārē *Adv.*: deshalb
parere, iō, peperī, partum: hervorbringen; erwerben, erringen
immānis, e: *hier*: unmenschlich
māiōrēs, um *m. Pl.*: Vorfahren
Tusculānī, ōrum *m. Pl.*: *Bewohner der Stadt Tusculum*
Aequī, ōrum *m. Pl.*: *Volk östl. von Rom*
Volscī, ōrum *m. Pl.*: *Volk in Latium*
Sabīnī, ōrum *m. Pl.*: *Volk im Bergland nördl. von Latium*
Hernicī, ōrum *m. Pl.*: *Volk in Latium*
Karthāgō, ginis *f.*: *Stadt in Nordafrika, Gegnerin Roms in den Punischen Kriegen (264–146 v. Chr.)*
Numantia: *Stadt in Spanien, 133 v. Chr. zerstört*
funditus *Adv.*: völlig
cum … tum: sowohl … als auch (ganz besonders)
dēvīceris: *Übersetzen Sie den Konj. mit Indikativ (konsekutiver Nebensinn)*
dēvincere, vīcī, victum: völlig besiegen
fidēs: *hier*: Schutz
quamvīs *m. Konj.*: obwohl
ariēs, etis *m.*: Sturmbock
percutere, iō, cussī, cussum: erschüttern
recipere, iō, cēpī, ceptum: aufnehmen
tantopere *Adv.*: so sehr

patrōnus: Schutzherr

Ac belli quidem aequitas sanctissime
fetiali populi Romani iure perscripta est.
Ex quo intellegi potest
nullum bellum esse iustum,
nisi (id), quod aut rebus repetitis geratur
aut denuntiatum ante sit et indictum.

aequitās, tātis *f.*: Gerechtigkeit
iūs fētiāle, iūris fētiālis *n.*: Fetialrecht; *das Priesterkollegium der Fetialen war für die völkerrechtl. Beziehungen zuständig*
perscrībere, scrīpsī, scrīptum: aufzeichnen, genau aufschreiben
rēs repetītae, rērum repetītarum *f. Pl.*: Schadenersatz
dēnūntiātum … sit et indictum: *konsekutiver Nebensinn*
dēnūntiāre: erklären
indīcere, dīxī, dictum: ankündigen, ansagen

1 Welche Arten der Auseinandersetzung werden im Text genannt und wie werden sie charakterisiert? Zitieren Sie lateinisch.
2 Unter welchen Voraussetzungen sind Kriege erlaubt? Zitieren Sie lateinisch.
3 (a) Wie sind die Besiegten zu behandeln? Wovon soll man die Art der Behandlung abhängig machen? – (b) Welche Funktion haben die historischen Beispiele (Z. 13–16)?
4 (a) Was findet Cicero am Verhalten der Vorfahren gegenüber den Besiegten besonders lobenswert? – (b) Nehmen Sie Stellung.
5 Bewerten Sie Ciceros Darlegungen über die Berechtigung von Kriegen.
6 Untersuchen Sie die Ihnen bekannten Kriege des 20. Jahrhunderts auf ihre Ursachen. Sind sie nach Ciceros Kriterien jeweils als *bellum iustum* zu rechtfertigen? Warum (nicht)?

Schablonen-Graffiti gegen Krieg. Bogota, Kolumbien.

15 Der Weise und der Krieg

Quamvis enim non defuerint neque desint hostes exterae nationes,
contra quas semper bella gesta sunt et geruntur,
tamen etiam ipsa imperii latitudo peperit
peioris generis bella, socialia scilicet et civilia,
quibus miserabilius quatitur humanum genus,
sive cum belligeratur, ut aliquando conquiescant,
sive cum timetur, ne rursus exsurgant.

quamvīs + *Konj.*: obwohl
dēesse, sum, fuī: fehlen
hostēs: *prädikativ zu* exterae nātiōnes
exterus: auswärtig, fremd
imperiī: *erg.* Rōmānī
lātitūdō, dinis *f.*: Breite, Größe
pēior, pēius: schlechter
sociālis, e: Bürger-
miserābilis, e: beklagenswert
quatere, iō, –, quassum: schütteln, erschüttern
sīve … sīve: sei es (dass) … sei es (dass)
belligerāre: Krieg führen
conquiēscant: *erg.* hominēs
conquiēscere: zur Ruhe kommen
rūrsus *Adv.*: wieder
exsurgere: sich erheben

Sed sapiens, inquiunt, iusta bella gesturus est.
Quasi non, si se hominem (esse) meminit,
multo magis dolebit
iustorum necessitatem sibi exstitisse bellorum,
quia, nisi iusta essent, ei gerenda non essent,
ac per hoc sapienti nulla bella essent.
Iniquitas enim partis adversae
iusta bella ingerit gerenda sapienti;
quae iniquitas utique homini est dolenda,
quia (iniquitas) hominum est,
etsi nulla ex ea bellandi necessitas nasceretur.
Haec itaque mala tam magna,
tam horrenda, tam saeva
quisquis cum dolore considerat,
miseriam (esse) fateatur;
quisquis autem vel patitur ea sine animi dolore
vel cogitat,
multo utique miserius ideo se putat beatum,
quia et humanum perdidit sensum.

sapiēns, ntis: weise
inquiunt: sie sagen, man sagt
quasi + *Konj.*: als ob
multō + *Komparativ*: um vieles, viel
necessitās, tātis *f.*: Notwendigkeit

per hoc: deshalb
inīquitās, tātis *f.*: Ungerechtigkeit, Unrecht
adversus: gegnerisch, feindlich
ingerere: bringen
utique *Adv.*: in jedem Fall
hominum: *Gen. obiectivus*
bellāre: Krieg führen
malum: Übel
horrendus: schrecklich
quisquis: wer auch immer
fateātur: er möge zugeben

vel … vel: entweder … oder
ea (mala): *Akk.-Obj. zu* patitur *und* cōgitat
multō … beātum: mag sich zwar für glücklich halten, aber er ist umso elender
perdere: *hier*: verlieren
sēnsus, ūs *m.*: Empfindung, Gefühl

1 Erstellen Sie Satzbilder für Z. 1–8 und Z. 10–14.
2 Worauf führt Augustinus den Ausbruch von Bürgerkriegen zurück, und wie wirken sie sich auf die Bevölkerung aus? Zitieren Sie lateinisch.
3 (a) Welche Einstellung hat der Weise zu »gerechten Kriegen«? – (b) Was ist ihr Auslöser und wie werden sie im Text charakterisiert? Notieren Sie die zentralen lateinischen Begriffe.
4 Erläutern Sie Z. 24–28.
5 Was meinen Sie: Gibt es »gerechte Kriege«? Begründen Sie Ihre Ansicht.

Der heilige Augustinus überreicht Gott sein Buch. Französische Buchmalerei aus dem 14. Jahrhundert zu »De civitate Dei«.

16 Zweierlei Maß?

Non privatim solum, sed publice furimus.
Homicidia compescimus et singulas caedes:
Quid bella et occisarum gentium gloriosum scelus?

Non avaritia, non crudelitas modum novit.
Et ista, quamdiu furtim et a singulis fiunt,
minus noxia minusque monstrosa sunt:

Ex senatus consultis plebisque scitis
saeva exercentur vetita privatim.
Quae clam commissa capite luerent,
tum, quia paludati fecerunt, laudamus.
Non pudet homines, mitissimum genus,
gaudere sanguine alterno et bella gerere
gerendaque posteris tradere,
cum inter se etiam mutis ac feris sit pax.

prīvātim *Adv.*: privat, persönlich
furere, –, –: wüten, rasen
homicīdium: Mord
compēscere: einschränken
quid …?: Wie steht es mit …?
occīdere, cīdī, cīsum: töten
glōriōsus: ruhmvoll
avāritia: Habgier, Geiz
crūdēlitās, tātis *f.*: Grausamkeit
nōvisse *nur Perf.*: kennen
quamdiū: solange
fūrtim *Adv.*: heimlich
noxius: schädlich, strafbar
mōnstrōsus: ungeheuerlich
cōnsultum: Beschluss
scītum: Beschluss
saevus: wütend; grausam
committere: *hier*: begehen
luere, luī, –: büßen, bezahlen
palūdātus: Mann im Feldherrenmantel
mītis, e: mild, sanft
sanguis, inis *m.*: Blut
alternus: *hier*: gegenseitig vergossen
posterī, ōrum *m.*: Nachkommen, Nachwelt
mūtīs ac ferīs: *erg.* bēstiīs
mūtus: stumm
ferus: wild

1 Wie wird in diesem Text der Krieg bewertet? Schreiben Sie die lateinischen Ausdrücke heraus.
2 Untersuchen Sie die Funktion der hier verwendeten Stilmittel.
3 Was ist das Anliegen des Textes und wie wird es begründet?

Stacheldraht im Sonnenuntergang.

Lernwortschatz

A

ac	und
accidit, accidit	es ereignet sich, passiert
aciēs, ēī *f.*	Schlachtreihe; Schlacht
adeō *Adv.*	(so) sehr
adhibēre	anwenden, hinzuziehen
adhūc *Adv.*	bis jetzt
adicere, iciō, iēcī, iectum	hinzufügen
adipīsci, adipīscor, adeptus sum	erlangen, erreichen
admittere, mīsī, missum	zulassen; begehen
admodum *Adv.*	sehr
adolēscere, adolēvī, adultum	heranwachsen
adversus	gegnerisch, feindlich
aestus, ūs *m.*	Hitze
aetās, tātis *f.*	Alter, Lebensalter
afflīgere, flīxī, flīctum	(nieder)schlagen
alere, aluī, altum	(er)nähren, stärken
aliēnus	fremd
aliquī, aliqua(e), aliquod	irgendein
ambitiō, ōnis *f.*	Ehrgeiz
animal, ālis *n.*	Lebewesen, Tier
antecēdere, cessī, cessum	vorausgehen; übertreffen
apertus	offen, offenkundig
appropinquāre	sich nähern
arbitrārī	glauben, meinen
ariēs, etis *m.*	Sturmbock
armātus	bewaffnet
ars, artis *f.*	Kunst; Handwerk
artificium	Kunst(werk)
aspectus, ūs *m.*	Anblick, Aussehen
asper, a, um	rau
attribuere, tribuī, tribūtum	zuteilen
auris, is *f.*	Ohr
avāritia	Habgier, Geiz

B

bellāre	Krieg führen
bēlua	wildes Tier
bonum	Gut, Vermögen
bōs, bovis *m./f.*	Rind

C

caelestis, e	himmlisch
calidus	heiß, warm
carēre, carūi. –, + *Abl.*	entbehren, nicht haben
cāsus, ūs *m.*	Fall; Zufall; Unglück
celer, is, e	schnell
cernere, crēvī, crētum	wahrnehmen, sehen
certāre	kämpfen, streiten
cibus	Speise
circum + *Akk.*	um ... herum
cliēns, ntis *m.*	Höriger, Klient
cōgnātiō, ōnis *f.*	Blutsverwandtschaft, Sippe
cōgnitiō, ōnis *f.*	Kenntnis
comes, itis *m.*	Begleiter; Gefolgsmann
commodum	Vorteil
commūnis, e	gemeinsam; allgemein
comperīre, perī, pertum	erfahren, in Erfahrung bringen
complectī, plector, plexus sum	umarmen, -fassen
comprehendere, prehendī, prehēnsum	ergreifen
concidere, cidī, –	stürzen, zusammenbrechen
conciliāre	sich geneigt machen, für sich gewinnen
concitāre	erregen
cōnfīdere, fīsus sum	vertrauen
cōnfīrmāre	stärken, versichern
cōnfugere, fugiō, fugī	flüchten, Zuflucht nehmen
cōnsequi, sequor, secūtus sum	nachfolgen, erreichen
cōnservāre	(be)wahren

cōnsīdere, sēdī, sessum	sich niederlassen
cōnsistere, stitī, –	sich aufstellen; Halt machen; sich niederlassen
cōnstituere, stituī, stitūtum	festsetzen, beschließen
cōnsuēscere, suēvī, suētum	sich gewöhnen, *Perf.* gewohnt sein
cōnsuētūdō, dinis *f.*	Gewohheit
cōnsultum	Beschluss
cōnsurgere, surrēxī, surrēctum	sich erheben
contentus	zufrieden
continēre	zusammenhalten
contrōversia	Streitigkeit
cōnūbium	Ehe
convīvium	Gastmahl, Gelage
cor, cordis *n.*	Herz
cornu, ūs *n.*	Horn
cottīdiānus	täglich
crēber, bra, brum	häufig
crēdere, crēdidī, crēditum	glauben; anvertrauen
cremāre	verbrennen
cruciātus, ūs *m.*	Marter, Qual
crūdēlitās, tātis *f.*	Grausamkeit
cubīle, is *n.*	Lager(stätte)
cultus, ūs *m.*	Lebensart; Pflege, Verehrung
cupiditās, tātis *f.*	Begierde

D

damnum	Schaden, Verlust
dēcēdere, cessī, cessum	weggehen; sterben
dēcernere, crēvī, crētum	entscheiden, beschließen
dēcertāre	(bis zur Entscheidung) kämpfen
dēcrētum	Entscheidung, Beschluss
dēdere, dēdedī, dēditum	übergeben, hingegeben
dēesse, sum, fuī	fehlen
dēficere, ficiō, fēcī, fectum	abnehmen, fehlen
dēligere, lēgī, lēctum	auswählen
dēnique	schließlich
dēpellere, pulī, pulsum	vertreiben
dērogāre	aberkennen, entziehen
dēsidia	Müßiggang
dēvovēre, vōvī, vōtum	weihen
differre, ferō, distulī, dīlātum	aufschieben; *im Präsens*: sich unterscheiden
dīligēns, ntis	sorgfältig, genau
dīligentia	Sorgfalt
dīligere, lēxī, lēctum	lieben
dīmicāre	kämpfen
disciplīna	Lehre
disputāre	diskutieren
diūtissimē *Adv.*	am längsten
dīvidere, vīsī, vīsum	teilen, trennen
druidēs, um *m. Pl.*	Druiden
ducentī, ae, a	200

E

effēmināre	verweichlichen
efferre, ferō, tulī, lātum	hinaustragen
eques, equitis *m.*	Ritter
ergā + *Akk.*	gegen(über)
ērigere, rēxī, rēctum	aufrichten
ērudīre	unterrichten
etsī	wenn auch
ēvenīre, vēnī, ventum	sich ereignen
excelsus	hochragend
excitāre	auf-, anregen
exercēre	üben, trainieren; ausüben
exterus	auswärtig, fremd
exīstimāre	glauben, meinen
exsistere, stitī, –	hervortreten, entstehen
exstruere, strūxī, strūctum	aufschichten, errichten
extrā + *Akk.*	außerhalb von
extrēmus	äußerster, letzter

F

facinus, oris *n.*	Handlung, Untat
factiō, ōnis *f.*	Partei; Entzweiung
factum	Tat
famēs, is *f.*	Hunger
fās *undeklinierbar*	göttliches Gebot, Recht; rechtens
fēmina	Frau
fermē *Adv.*	etwa
ferus	wild
figūra	Gestalt
fīnīre	begrenzen, beenden
fīnitimus	Nachbar

fīrmus	stark, fest
flāgitium	Schande, Schandtat
foedus, eris *n.*	Vertrag, Bündnis
foedus	hässlich, abstoßend
frīgus, oris *n.*	Kälte
frōns, ntis *f.*	Stirn
fuga	Flucht
fūnus, eris *n.*	Bestattung
furere, –, –	wüten, rasen
furor, ōris *m.*	Wut
fūrtum	Diebstahl

G

Gallī, ōrum *m. Pl.*	Gallier
gener, generī *m.*	Schwiegersohn
Germānī, ōrum *m. Pl.*	Germanen
Germānia	Germanien
grātus	angenehm, willkommen

H

habitus, ūs *m.*	Haltung, Aussehen
haud	nicht
hiems, hiemis *f.*	Winter
honestus	ehrenhaft
horridus	rau, abstoßend
hūc *Adv.*	hierher, hierhin
hūmānitās, tātis *f.*	Menschlichkeit, Menschenliebe; Bildung
humilis, e	niedrig; schwach

I

īgnāvus	feige, träge
īgnōtus	unbekant
illō *Adv.*	dorthin
immēnsus	unermesslich
immō *Adv.*	im Gegenteil
impetus, ūs *m.*	Angriff
incēdere, cessī, cessum	einhergehen
incola, ae *m.*	Be-, Einwohner
incolere, coluī, cultum	bewohnen
indīcere, dīxī, dictum	ankündigen, ansagen
indigēre + *Abl.*	Mangel haben an
īnfāmia	übler Ruf, Schande
īnferre, ferō, tulī, lātum	hineintragen
īnfirmus	schwach
inīquus	ungerecht
inīre, eō, iī, itum	beginnen
initium	Anfang
iniūstus	ungerecht
innocēns, ntis	unschuldig
īnstituere, stituī, stitūtum	einrichten; anordnen
īnstitūtum	Einrichtung
intellegere, lēxī, lēctum	erkennen; verstehen, einsehen
interficere, ficiō, fēcī, fectum	töten
interīre, eō, iī, itum	untergehen
interpretārī	erklären, deuten
item *Adv.*	ebenso, auch
iuvāre, iūvī, iūtum	unterstützen
iuventūs, tūtis *f.*	Jugend

L

lacrima	Träne
lātitūdō, dinis *f.*	Breite, Größe
lātus, a, um	weit, breit
laus, laudis *f.*	Lob
levitās, tātis *f.*	Leichtigkeit, Leichtfertigkeit
līberālis, e	freigebig
līberī, ōrum *m. Pl.*	Kinder
līgnum	Holz
lingua	Sprache
loquī, loquor, locūtus sum	sprechen
luere, luī, –	büßen, bezahlen
lūgēre, lūxī, lūctum	trauern
lūna	Mond

M

magistrātus, ūs *m.*	Beamter; Behörde
māgnificus	großartig, prächtig
māgnitūdō, dinis *f.*	Größe
māgnopere *Adv.*	sehr
māiōrēs, um *m. Pl.*	Vorfahren
malum	Übel
maximē *Adv.*	am meisten, besonders
meminisse *nur Perf.*	sich erinnern
mercātor, ōris *m.*	Kaufmann
mergere, mersī, mersum	eintauchen, versenken
mīlitāris, e	militärisch, Kriegs-
mīlitia	Kriegsdienst
minimē *Adv.*	am wenigsten, keineswegs

minimus	der Kleinste, Geringste
minuere, minuī, minūtum	vermindern
mīrārī aliquid	sich wundern über
mīrus	wunderbar, erstaunlich
miserābilis, e	beklagenswert
mītis, e	mild, sanft
mittere, mīsī, missum	schicken
morbus	Krankheit
mōtus, ūs *m.*	Bewegung
multō + *Komparativ*	um vieles, viel
multum *Adv.*	viel, sehr
mundus	Welt, Weltall
mūtuus	gegenseitig

N

nātiō, ōnis *f.*	Volk(sstamm)
nauta, ae *m.*	Seemann
nē … quidem	nicht einmal
nec	und nicht, auch nicht
necāre	töten
necessitās, tātis *f.*	Notwendigkeit
neglegere, lēxī, lēctum	vernachlässigen; missachten
nēquāquam *Adv.*	in keiner Weise
nervus	Sehne, Muskel
nex, necis *f.*	Tod
nōtus	bekannt
nōvisse *nur Perf.*	kennen
nūdāre	entblößen
nūdus	nackt
nūmen, minis *n.*	Wille, Macht, Gottheit
nūper *Adv.*	neulich, vor kurzem

O

observāre	beachten, beobachten
occīdere, cīdī, cīsum	töten
occultāre	verbergen
ōdisse *nur Perf.*	hassen
odor, ōris *m.*	Duft, Geruch
opīniō, ōnis *f.*	Meinung
orīrī, orior, ortus sum	sich erheben, entstehen
ōtium	Muße, Ruhe

P

palam *Adv.*	öffentlich
palūs, ūdis *f.*	Sumpf
parentēs, um *m. Pl.*	Eltern
parere, iō, peperī, partum	hervorbringen; erwerben, erringen
patēre, patuī, –	offen stehen
patī, patior, passus sum	zulassen; leiden
patientia	Ausdauer, Geduld
patrōnus	Schutzherr
paulō *Abl. mens.*	(um) etwas, ein wenig
pavidus	angstvoll
pēior, pēius	schlechter
pellis, is *f.*	Haut; Fell
pendere, pependī, pēnsum	abwägen, bezahlen
percutere, iō, cussī, cussum	erschüttern
permanēre, mānsi, mānsum	bleiben
permittere, mīsī, missum	erlauben
perscrībere, scrīpsī, scrīptum	aufzeichnen, genau aufschreiben
persuādēre, suāsī, suāsum	überreden; überzeugen
plācāre	besänftigen
plēnus + *Abl.*	voll von
plērīque, plēraeque, plēraque	die meisten
plērumque *Adv.*	meistens
plūrimī, ae, a	die meisten
plūrimum *Adv.*	am meisten, meistens
poena	Strafe
pollicērī, polliceor, pollicitus sum	versprechen
pondus, eris *n.*	Gewicht
posterī, ōrum *m.*	Nachkommen, Nachwelt
posterior, ius	später
potēns, ntis	mächtig, stark
potentia	Macht
potissimum *Adv.*	hauptsächlich, vor allem
prae + *Abl.*	vor
praeceptum	Vorschrift, Lehre
praecipuus	besonders, außerordentlich